税收宣传系列辅导读本

全媒体时代

税收舆情分析与应对

王　伟/主　编　　杨德才/审　定

中国言实出版社

图书在版编目（CIP）数据

全媒体时代税收舆情分析与应对 / 王伟主编 . -- 北京：中国言实出版社，2019.10

ISBN 978-7-5171-3211-0

Ⅰ.①全… Ⅱ.①王… Ⅲ.①税收—舆论—研究—中国 Ⅳ.① F812.42

中国版本图书馆 CIP 数据核字（2019）第 220262 号

责任编辑：代青霞
责任校对：崔文婷
出版统筹：史会美
责任印制：佟贵兆
封面设计：小亿传媒

出版发行　中国言实出版社
　　　　　地　　址：北京市朝阳区北苑路 180 号加利大厦 5 号楼 105 室
　　　　　邮　　编：100101
　　　　　编辑部：北京市海淀区北太庄路甲 1 号
　　　　　邮　　编：100088
　　　　　电　　话：64924853（总编室）　　64924716（发行部）
　　　　　网　　址：www.zgyscbs.cn
　　　　　E-mail：zgyscbs@263.net
经　　销　新华书店
印　　刷　凯德印刷（天津）有限公司
版　　次　2019 年 11 月第 1 版　　2019 年 11 月第 1 次印刷
规　　格　787 毫米 ×1092 毫米　1/16　12 印张
字　　数　178 千字
定　　价　68.00 元　　ISBN 978-7-5171-3211-0

序言 PREFACE

随着信息化和互联网的飞速发展，全媒体不断发展，当今社会出现了全程媒体、全息媒体、全员媒体、全效媒体，信息无处不在、无所不及、无人不用，导致舆论生态、媒体格局、传播方式发生深刻变化，新闻舆论工作面临前所未有的复杂形势和严峻挑战。

而与此同时，税收现代化建设和各项税收改革同步推进，"税感时代"悄然而至，公众对税收的关注持续"升温"，税务部门既要实施好宏观经济政策，又要服务好微观经济，面临着在"聚光灯"下工作的现实环境。如何适应新常态、应对新挑战，有效开展新闻舆论工作，正确应对和管理涉税舆情，事关税收事业的长远发展，考验着税务机关和税务干部的管理能力和水平。

作者长期在新闻宣传一线工作，兼具国家税务总局、省局、县局多个层面的工作经历，对舆情易发、多发的环节有切身经历，对各级领导干部、各级税务机关对涉税舆情的不同认识深有体会，对不同舆情的应对和处置方式有深入思考。本书对"涉税舆情"这个对象进行了深入浅出的理论阐述，并逐层细致剖析，梳理了涉税舆情的基本状况、传播规律以及透过舆情反映的问题本质，给税务部门应对舆情、处置舆情提供了方向——只有学会与媒体"友好相处"，主动投身全媒体时代浪潮，把住舆情信息监控的源头，抓好分析研判，做好评论引导，塑好税务形象，才能避开被"标签"裹挟而进入进退维谷的境地，才能发挥税收在国家治理中的基础性、支柱性、保障性作用。书中不乏热点案例、敏感问题，以案释理，以例相佐，并尝试挖掘出舆论的本质，总结出一些规律性的认识。

"无论哪个时代，公共舆论总是一支巨大的力量，尤其在我们时代是如此。"黑格尔两百年前的这句话，在今天仍然合适。面对舆论这一条奔腾不息的河流，作为身处涉税舆情前线的工作者，不仅要看到舆情的起起落落，更要看到这起落之后的作用力和规律。阅读本书，能从中汲取新闻舆论工作的经验教训，在全媒体时代迅速准确地把握和应对舆论信息。回味之，益智之。

2019 年 9 月 28 日

目 录 CONTENTS

第三章　有效处置涉税舆情

第四章　综合施策塑形象

第五章　典型案例分析

附录一　互联网管理相关法律法规

附录二　舆情传播与网络文化关键词

后　记

第一章

媒体眼中的税收

　　媒体是信息传播最重要的渠道，也是新闻宣传和舆情引导的重要阵地。公众对税收的认识，绝大部分来自各类媒体：既包括传统的报纸、广播、电视、布告栏等，也包括现代化的数字媒体如电脑网络、手机客户端、自媒体等。

　　一般来说，媒体在客观报道税收政策、税收工作的同时，也会有一些价值判断。比如，有的涉税报道展示税收工作成绩、表扬税务部门；有的则是分析税收政策，指出可供改进的意见；也有少数则是重在批评。正所谓一千个读者眼中有一千个哈姆雷特，即使是同样一个涉税事实，不同的人都有不同的价值判断，而这些都通过媒体这个渠道，最终直接展现在公众面前，并在很大程度上影响着公众对税收的情感和判断。这一章，我们分别从传统媒体、网络和自媒体、知名专家学者三个角度展示媒体眼中的税收。

第一节　传统媒体：致力宣讲税收政策

　　《人民日报》是我国传播主流意识的权威平台。2019年1月25日，在习近平总书记带领下，中共中央政治局同志在人民日报社新媒体大厦，就全媒体时代和媒体融合发展举行第十二次集体学习，足见《人民日报》在我国新闻传播中的重要地位。

《人民日报》对税收工作的报道可以全面展示税收在国家意识形态传播领域的地位，代表着传统纸媒和国家级主流媒体的观点。我们选取报道频次、报道内容和价值取向三个角度来具体分析。

一、报道频次

1. 报道总量

根据统计，1949—2018 年，近 70 年时间，以税收为主题（标题）的报道达 9084 篇，正文涉及税收的报道约 8.48 万篇（同时期《人民日报》报道总篇数 188.11 万篇）[①]。

最近 5 年，即 2014 年 1 月 1 日—2018 年 12 月 31 日，《人民日报》以税收为主题（标题）的报道达 208 篇，正文涉及税收的报道有 3956 篇，年平均 791 篇，保持了较高的报道频率。

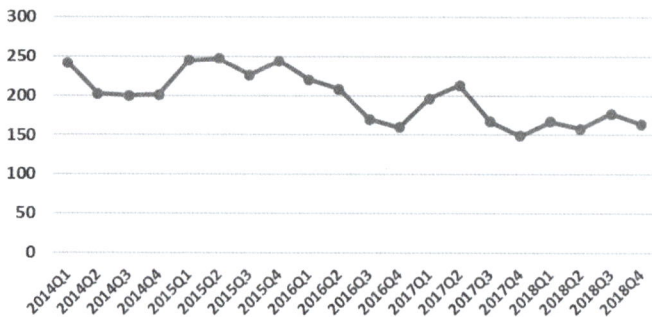

图 1-1　2014—2018 年《人民日报》每个季度的涉税报道量

2. 报道占比

正文中涉及税收工作的报道约占《人民日报》报道总篇数的近 5%，同口径税收工作主题报道占比约为 0.5%。近 20 年来，《人民日报》日均报道篇数为 100 篇左右，按此口径估算，平均 20 篇报道中就有 1 篇提及税收内容，平均 200 篇报道就有 1 篇税收主题报道。

---

① 本节中的数据和图表根据《人民日报》公开数据库分析得出。

3. 版面设置

随机选择税收主题报道中的 3208 篇进行分析，在前四版中的报道有 1660 篇，占比为 52%，而在前四版中的头版有 369 篇、二版有 857 篇，合计占要闻版中税收主题报道的 74%。在所有版面中，以二版中发表的报道最多。

二、报道内容

从报道内容上看，《人民日报》对税收的报道可以概述为：学习贯彻党和国家对税收工作的要求；大力宣传重要税收政策调整和变化；充分肯定基层税务机关的具体工作等几个方面。

图 1-2 《人民日报》税收主题报道词云

1. 党和国家对税收工作的要求

《人民日报》一贯重视国家对税收工作的管理和指导。

一是国家领导人在重要的会议或场合发表对税收工作的指示。如 2014 年 11 月 17 日头版报道《习近平出席二十国集团领导人第九次峰会第二阶段会议》，国家主席习近平首次就税收问题提出"加强全球税收合作，打击国际逃避税，帮助发展中国家和低收入国家提高税收征管能力"的主张。

2016 年 5 月，时任国务院副总理的张高丽出席第十届税收征管论坛（FTA）大会（40 多个经济体和 7 个国际组织参加）开幕式并倡议"切实加强国际税收政策协调与征管协作，共同推进国际税收征管能力建设"。

二是税务部门主要负责人对当前治税思想理念的深度阐释，对重大税收问题的权威说明。如 2018 年 11 月 10 日，《人民日报》第 4 版刊登国家税务总局局长王军的专访《为民营企业发展营造更优税收环境（支持民营企业在行动）》，及时贯彻落实习近平总书记在民营企业座谈会上的工作部署。

三是国家关于指导当前和今后税务工作的重大政策文件。及时传递国家政策和部门对于当前工作的重要文件，对于及时解决社会疑惑、稳定社会情绪、促进经济高质量发展都具有重大的指导作用。如《税制改革依法前行》（《人民日报》2015 年 3 月 27 日第 9 版）一文中，对税收法定与税制改革的关系、税制改革应依据什么来推进、如何体现税收法定原则等问题进行了权威答疑，体现了宣传的政治性、权威性、及时性，也对税务机关作为国家重要执法机关的形象作出诠释。

2. 对税收政策和税收知识的报道

《人民日报》重视对税收政策调整、政策优惠、政策成效的解释报道。全文报道中华人民共和国主席令、国务院令签发的税收法律文件，第一时间进行重大税收信息的权威发布和传播，在重要版面报道税收法律法规的重大修订或者实施细则。

《人民日报》在对税收法律有关政策普及上，一方面报道各地税务机关进行税收法律宣传的各种做法，传递经验。另一方面扎扎实实，充分利用版面，为税收法律宣传作贡献。主要表现在：一是通过税务机关有关人士讲解税收政策相关知识；二是通过全文刊登文件及时传播国家最新的税收政策；三是通过采访有关人士或设置题目问答形式进行讲解。例如 2018 年 8 月 27 日，十三届全国人大常委会第五次会议再次审议个人所得税法修正案草案，这是自 1980 年个税立法以来的第七次修改，与上次修改时隔 7 年，引起公众关注。翌日，《人民日报》针对"此次个税法的修改力度很大，最大的亮点是什么，5000 元的起征点是否合适，45% 的最高档税率是否高了，为什么要新增专项附加扣除的规定，费用扣除标准为什么要实行全国'一刀切'……"这些公众关注的问题，通过权威人士和专家的解答，详细解读了其中的变化。

3. 对税务部门工作的报道

《人民日报》重视对全国和地方组织收入成绩的报道。2014年以来，《人民日报》累计组织220篇报道，从税收收入月报、季报、年报和税种收入分析等多角度、全方位及时报道成绩，展示喜人面貌。关于全国性税收收入的报道，包括某些地方（主要指省份或重点地区，比如深圳）税收收入的重大突破，均在要闻版刊登。《人民日报》在报道数字成绩、总结成就的同时，体现了很强的"议程设置"性。如新闻题目充分肯定成绩和税收的快速增长，即使在经济的非快速增长期间，也常常使用"回升""向好"等正向性词语，充分表达中央对于税收财政、经济运行的关注。

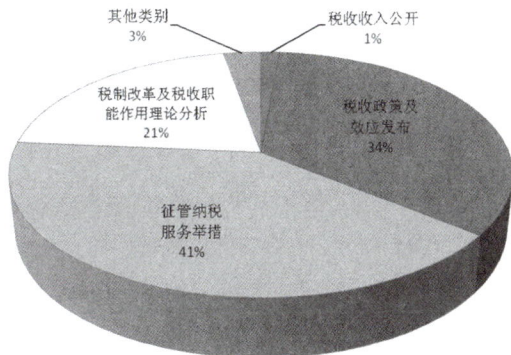

图1-3　《人民日报》各类税收工作报道占比

三、价值取向

1. 重事实、讲成绩

《人民日报》发布的报道均是事实性、成绩性的文章，以向社会公众传播党和国家对税收工作的要求、税收工作成绩、下一步税收工作计划等内容为主，发布确定性消息和正面评价，引导公众加强税收认识、正面评价税收、规范遵从税法等。

2. 重释理、避争议

《人民日报》在重大涉税政策制定实施时，经常邀请知名专家、权威人士详细解读政策背景、重大意义等，但是较少对政策细节、具体条文展开讨论。这不但可以避免引发不必要的议论和质疑，更深刻地体现出国家党媒的权威性与公信力。

总之，《人民日报》对税收的报道以总结税务工作成绩、发布和解读税制改革与税收政策等内容为主，以团结力量、加油鼓劲为价值导向，重在维护税法权威，努力营造更和谐的征纳关系。

第二节　网络和自媒体：追逐"税收热点"

中国自 1994 年接入国际互联网，经过 20 多年的发展，互联网和信息化取得了非凡成就，网络走进千家万户，网民数量世界第一，已成为网络大国。近年来，微博微信的兴起，更对网络传播效率和方式带来了几乎革命性的变化。2010 年，微博作为社会化媒体新形态迅速崛起，在通过社交关系对网络新闻传播环境进行构建的同时，还借助了移动互联网技术，突出随时随地浏览、发布及分享内容的功能。2012 年，微信公众号的出现推动自媒体发展迈向新的高潮。社交媒体的兴起以及自媒体的发展，释放了公众在网络上对公共议题的参与热情，"人人都有麦克风"的即时信息发布模式，为公众对社会事件进行网络议程设置提供了可能。

当前，网络和自媒体在信息传播中占据"C 位"，人们每天对着电脑屏幕或是手机屏幕的总时间越来越长，从电子端接收的信息比重越来越大。主流媒体新闻网站、商业门户网站、社交媒体平台、自媒体以及聚合类新闻客户端等，构成了中国网络新闻媒体参差有序的格局。

一般来说，公众接收涉税相关信息的主要网络来源有以下几类：一是中国政府网等政府机构网站。这类网站包括中央政府网站、地方政府网站、各级税务部门网站等。二是新闻媒体网站。这类网站由传统新闻媒体组建，比如人民网、新华网等。三是商业网站。这一类门户网站包括社会接受度较高的新浪、搜狐、网易、澎湃等。四是财经类专业网站。如财新网、财经网等财经类网络媒体。五是涉财经的社交网络平台。比如专业论坛、博客、微博、微信公众号、新闻客户端、问答式社区等。

我们从报道频次、关注焦点和主要特点三个角度来具体分析。

一、报道频次

根据浙江在线舆情中心数据统计，2011年1月1日至2018年12月31日，以"税收"为搜索关键词，选取新浪网、腾讯网、网易、凤凰网、搜狐网这五大主要新闻门户网站为统计来源，相关报道数量随季度的变化趋势如下图所示：

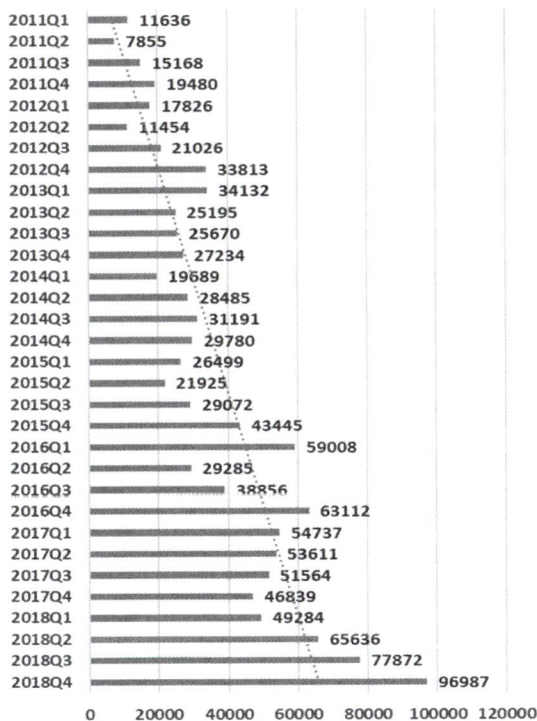

图1-4　五大门户网站涉税季度报道量变化趋势

（数据来源：浙江在线舆情中心）

从上图可以看出，五大新闻门户网站对税收的关注度呈显著上升趋势：

从报道量绝对增值来看，2011年第1季度至2018年第4季度，报道量增加了7倍多。8年时间里，季度报道量尽管有所波动，但报道量呈明显线性上升态势。另外值得注意的是，2018年第2至第4季度，报道量接连打破近年来的峰值纪录，且呈迅速增长的态势。

若以年度为统计单位，可以看出，除2014年报道量呈负增长外，其他年份的报道量环比均有较大增幅，其中2016年环比增幅近6成，2018年增幅也超4成，年均增幅达27%。

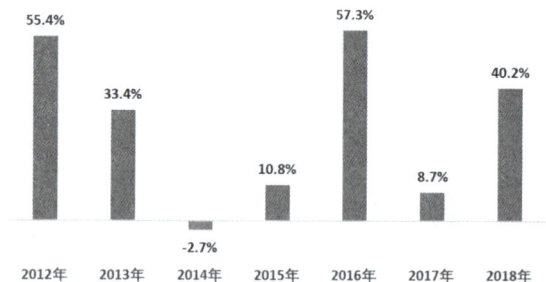

图 1-5　五大新闻门户网站涉税年度报道量环比增幅

因此，若以五大新闻门户网站对税收报道量作为参考，国内网络媒体近年来对税收的关注度快速升温。

二、关注焦点——哪里"热"就关注哪里

1.普遍关注与老百姓生活关系紧密的涉税事项

从内容上看，网络媒体及自媒体主要关注个人所得税、房产税、车辆购置税等与百姓生活关系紧密的税种。特别是近两年，国家对个人所得税起征点、专项扣除政策的调整，引发了热烈讨论；每年两会前后也都有一批相关媒体要对房产税的立法和开征进行全民参与的预测和分析讨论。

这些文章通过对税收政策的探讨，集中关注与老百姓生活紧密相关的税收政策和政策调整预期及其影响，注重解释政策的核心意义、最新内容，分析其对百姓生活的影响。网络媒体及自媒体通过把握网民的关注热点，

紧抓议程设置，宣传税收的价值，也呼吁兼顾百姓的切身权益，为实现对税务形象的传播与重构做出了一定的努力。

2. 高度聚焦个人所得税

个人所得税涉及每一位公民，关系千家万户，政策调整牵一发而动全身。国家税务总局局长王军在 2019 年全国税务工作会议上就透露，截至 2018 年底，个税新政策将使 7000 多万纳税人的工薪所得无须再缴税。而这更使得个人所得税话题一直是舆论关注的重点。

网络媒体及自媒体对个税话题一直持续跟踪报道，特别是在近两年的个税政策调整期间，对政策调整的征求意见稿进行解读、收集网友反馈信息、积极建言献策等，对个税政策的合理优化和新政策宣传都起到了较好的作用。如财经网、财新网等对于个税政策的优惠、税率的调整和起征点修订、六项专项附加扣除的解读、征收状况以及个税的未来发展等，予以积极关注和报道，尤其是在国家准备修订起征点、增加扣除项目的前后，为个税改革如何维护广大工薪阶层的利益而鼓与呼。网络媒体评论税制、议论公平、分析影响，站在维护广大工薪阶层的立场，展开了连续不断的讨论，使税收政策逐步被广大百姓真正认识理解。

3. 热议减税降费

近年来，中国发展面临的环境更复杂更严峻，世界经济增速放缓，保护主义、单边主义加剧，国际大宗商品价格大幅波动，不稳定不确定因素明显增加，外部输入性风险上升。国内经济下行压力加大，消费增速减慢，有效投资增长乏力。实体经济困难较多，民营和小微企业融资难、融资贵问题尚未有效缓解，营商环境与市场主体期待还有较大差距。自主创新能力不强，关键核心技术短板问题凸显。一些地方财政收支矛盾较大。金融等领域风险隐患依然不少。深度贫困地区脱贫攻坚困难较多。生态保护和污染防治任务仍然繁重。[①]

为切实降低市场主体经营成本，优化营商环境，党中央、国务院实施了一轮又一轮的减税降费。2012 年开始营改增改革试点；2016 年全面推

---

① 根据2019年李克强总理《政府工作报告》整理。

行营改增，通过打通增值税链条、出台实施细则，确保所有行业税负只减不增；2017 年将增值税 13% 一档的税率降至 11%；2018 年将增值税 17% 一档的税率降至 16%，个人所得税提高起征点并实施六项专项附加扣除；2019 年初出台小微企业普惠性减税政策，全国普遍下调社保费率等。

2019 年元旦，习近平总书记在新年贺词中指出，减税降费政策措施要落地生根。在当年两会上，李克强总理在《政府工作报告》中郑重宣布，2019 年的第一项工作任务，就是"实施更大规模的减税。普惠性减税与结构性减税并举，重点降低制造业和小微企业税收负担。深化增值税改革，将制造业等行业现行 16% 的税率降至 13%，将交通运输业、建筑业等行业现行 10% 的税率降至 9%，确保主要行业税负明显降低；保持 6% 一档的税率不变，但通过采取对生产、生活性服务业增加税收抵扣等配套措施，确保所有行业税负只减不增，继续向推进税率三档并两档、税制简化方向迈进。抓好年初出台的小微企业普惠性减税政策落实"。

人民网在 2019 年 3 月 5 日发表《麻辣财经两会特别版：对话减税降费那些事儿》，邀请专家学者讲解小微企业普惠性减税、深化增值税改革、减轻企业社保缴费负担、个人所得税改革四个"红包"，指出"政府过紧日子"，确保"减税降费政策措施落地生根，使企业轻装上阵"。各大媒体也纷纷推出减税降费专栏，分析该项政策措施给企业带来的红利和发展动力，分析政府财政收支平衡，监督税务部门落实减税降费的力度。

4. 对典型案件的报道

网络媒体和自媒体聚焦全国范围内涉税违法案件新闻。2018 年，以范姓女星偷税漏税案件最为引人注目。部分媒体在报道时也最大限度使用了追求轰动、追逐名人、吸引眼球等手段，相关报道已经超出了典型税案的范畴，大量添加了社会新闻的成分，引起了极大的关注度和热点，也在一定程度上满足了大众的猎奇心理。

随着案件的深入和最终处罚结果的出台，在中央和地方主流媒体的引导下，社会舆论逐渐回归冷静，开始深入分析具体案情，客观评价最终处罚，维护了税法的刚性，保护了国家权益，伸张了公正和公平，显现了在严惩违法案件过程中的公开、公正、严明的税务形象。新华网在 2018 年 10

月 3 日发表《范某案教育警示文艺影视从业者遵纪守法》，详细分析了税务部门对范某的处罚，一是处罚金额宽严相济，二是未被追究刑责符合刑法规定，三是规范税收秩序推动影视业健康发展，有效回应了网络质疑，引发了积极讨论。

受到媒体广泛关注的还有税收违法"黑名单"项目，该项目纳入中国信用体系建设，20 多个部门实施信息共享、联合惩戒。法制网于 2018 年 4 月 10 日发表《联合惩戒税收违法"黑名单"发威，近千户"黑名单"当事人主动缴清税款》，宣传了违法纳税人"一处失信，处处受限"的处境，起到了较好的警示作用。

三、主要特点

1. 重点事件报道"不甘人后"

网络媒体和自媒体都是市场环境下的产物，多为自负盈亏的独立法人，有生存压力和强烈的盈利动机。而对重点事件的抢先报道，是市场化媒体的"基本盘"。因此，引用夸张的标题、放大个别细节、借机营销获利等现象，在网络媒体和自媒体传播中也屡见不鲜。

2. 深度分析热点"紧抓眼球"

也正因为其"接地气"，相对于传统媒体，除报道宣传国家税收政策重大变革和重要成果外，网络媒体和自媒体也更能以普通群众和网民的视角，切入大众关心的话题，对现行的税收政策进行点评和分析，百家争鸣，发出"草根"建言献策的声音。比如多年来，"房市"牵动着每一位公众的心，媒体也紧紧抓住这个焦点话题，每逢重大会议和重要场合，经常抛出"房地产税"的"最新进展"，引发一轮又一轮的讨论热潮。

3. 少部分媒体风格犀利

大部分网络媒体和自媒体能够理性、客观地阐述税收政策，起到积极正面作用，但也有小部分媒体以批评、否定为自身"标签"，不顾当前经济社会发展的现实情况，提出一些不着边际的"建议"，以吸引眼球，满足少部分人的猎奇心理。

总之，相较于中央和地方主流媒体善用事实性、调查性和阐释性的文章深度解读税收来说，网络媒体和自媒体在报道涉税内容时，更多从热点出发，讨论公众喜闻乐见的话题，其接地气的先天优势，搭上了网络和信息化革命的快车，能有效地传播税收话题。但是，因为市场化的生存压力和盈利动机，它们往往追求"快""新""奇"，导致不少报道在专业性方面有所欠缺，甚至不乏少数不着边际的批评和所谓建议，在不同程度上存在误导公众对税务部门和税收工作产生错误认识和偏见的危险。

第三节　知名专家学者：涉税意见领袖

1944 年，拉扎斯菲尔德在《人民的选择》中提出"二级传播"假设，认为大众传播只有通过"意见领袖"的中介作用才能发挥影响。也就是说，新闻事件不是直接作用于公众，而是由"专家/意见领袖"先行作出解读，形成价值判断，传递给公众。公众由此对专家表现出信服甚至是盲从的态度。

"全民议税"也是这样，大部分的话语权，掌握在少数"专家"的手中，这一节简要介绍几位专家的税收观点。

一、高培勇

高培勇教授现任中国社会科学院副院长，是财税方面的权威专家。2010年 1 月 8 日，高培勇在十七届中共中央政治局第十八次集体学习中，就《世界主要国家财税体制和深化我国财税体制改革》作专题讲解。

高培勇总结改革开放 40 年税收改革历程时认为，40 年税收改革最突出的一个特征，就是与中国经济体制整体改革和整体发展咬合在一起，从来没有脱离过经济体制整体改革和发展"，以"税收公共化"匹配"经济市场化"，以"税收现代化"匹配"国家治理现代化"，以"公共税收体制"匹配"社会主义市场经济体制"，以"现代税收制度"匹配"现代国家治理体系和治理能力"。

对 2019 年国家实施的 2 万亿大规模减税降费政策，高培勇总结了三点：

一是历史上力度最大，规模空前；二是通过降低增值税税率和社保费费率，目标聚焦于给企业降成本，或给实体经济降成本；三是通过政府削减支出规模来平衡收支。

高培勇从国家发展战略层面来研究和剖析税收政策，其分析往往着眼于让大众更为清晰地从国家和宏观层面来理解税收。同时，其研究观点和结论也经常进入高层视野，能给税收行业带来整体富有开拓性的视角和借鉴。

二、胡怡建

胡怡建，上海财经大学公共经济管理学院教授，长期从事税收研究和教学工作，深耕财政税收政策效用分析，是一位治学严谨的专家。

2017年3月，胡怡建教授带领团队用半年多的时间，充分利用大数据、互联网技术，全面分析评估了上海营改增5年实施情况及成效，发布《上海营改增5年试点成效分析报告》，从营改增减税减负效应、宏观经济效应、微观经济效应三个角度，详细解读企业减税这本"小账单"，细算营改增对于改革激发新活力、涵养新税源、助力上海转型升级的"经济大账"。报告提出"全面实施营改增是一项合理税收制度、落实企业减税、促进经济转型的系统性改革，在政策导向上需要把握好改制、减税、转型之间的关系"。胡怡建认为，未来中国税务改革的重点应是推进税制、体制和法制三大制度建设，全面提升中国税收治理能力和国际竞争力。

胡怡建教授长期跟踪研究中国财税体制和政策与经济发展的关系，用翔实的数据，从微观层面分析政策实施效果，对国家财税政策提出合理化建议。上述《上海营改增5年试点成效分析报告》，就对中国后续税制改革全面推开，起到了积极的推动作用。

三、时寒冰

时寒冰，知名经济趋势研究专家，财经评论家。曾任《上海证券报》评论主编、首席评论员，中央电视台特约评论员，凤凰博报特约顾问，中国财经传媒人联盟特约观察员等。

时寒冰是一位"危机感强烈"的经济学者，在著作《时寒冰说：经济大棋局，我们怎么办》和很多课程中指出，要想化解来自贸易战的压力和解决经济长期失衡的问题，最有效的做法，是藏富于民。通过大规模的实质性的减税，增加民众和企业的收入，增强内需的力量，通过内需，化解出口减少的压力，改变经济结构长期失衡的问题。

上述三位专家是典型的"意见领袖"，他们对税收工作和政策的评论，极大地影响着公众的判断。

第二章

正确认识税收舆情

随着互联网的日益普及和新媒体技术的快速发展，社会参与和公共治理越来越透明化，更多群众关注和参与社会进程，更多的"声音"被急切地表达出来，而这也让网络成为舆情危机的最大发源地和传播地。

不同于以往年代的口口相传、集会私下讨论或印刷传播，现代社会的主要舆情都是需要通过网络这个载体来达到扩散效果的。正因为此，本书讨论的"舆情"，主要指网络舆情。

从第一章的分析可以看出，税收越来越成为公众的焦点话题。当公众的税感越发强烈，就会对税务部门、税收政策、税收服务等越发敏感，对政策调整、税收负担、税务争议等话题越发关注。而随着网络的发达和移动终端的普及，这种敏感与关注必然带来公众的深度参与，更多的公众会在网络、媒体上发表更多关于税收的看法，带来了税收舆论的爆炸。涉税舆论增多，自然有正面的，也有负面的。

本章将分别阐述一般舆情和涉税舆情的基础知识和基本情况，尝试给涉税舆情"画像"，帮助大家正确认识舆情涉及的关系，理清舆情传播的脉络，抓住黄金时期处置舆情。通过分析就会发现，舆情是网络舆论场的正常产物，并没有想象中那么可怕。

第一节 当下舆情的主要特点和基本状况分析

近十年来，社会环境和社会舆论环境持续发生剧烈变化，尤其是网络传播成为最主要的传播方式之后，舆情传播的规律也发生了深刻的变化。只有了解当下舆情的一系列变化和新的发展规律，才能更准确地把握税收舆情。

一、新闻传播面临的环境变化

新闻传播，既对社会环境造成影响，又受到社会环境的制约。全媒体时代下的新闻传播必须充分了解其所处的社会环境、媒介环境和受众环境。

1. 社会环境

改革开放四十多年来，中国的经济环境、政策环境、文化环境、社会环境都发生了巨大的变化，网络新闻传播也受到了这些环境因素的影响。

一是经济环境。党的十八大以来，我国经济保持中高速增长，供给侧结构性改革深入推进，对世界经济增长贡献率超过30%。中国特色社会主义进入新时代，我国社会主要矛盾已经转化为人民日益增长的美好生活需要和不平衡不充分的发展之间的矛盾。但我国仍处于并将长期处于社会主义初级阶段的基本国情没有变，我国是世界最大发展中国家的国际地位没有变。当前，我国经济已由高速增长阶段转向高质量发展阶段，正处在转变发展方式、优化经济结构、转换增长动力的攻关期，建设现代化经济体系是跨越关口的迫切要求和我国发展的战略目标。

二是政策环境。随着"互联网+"信息服务的快速发展，相关部门陆续出台了不同的政策及规范性文件，以净化互联网空间、促进媒介融合、推动互联网信息服务领域规范化发展。2017年5月，国家网信办发布《互联网新闻信息服务管理规定》，加强对互联网信息内容的管理，促进互联网新闻信息服务健康有序发展。其中明确规定了互联网上所有提供新闻传播服务的机构都必须取得互联网新闻信息服务许可，未经许可或超越许可范围开展互联网信息服务活动的，都是违规的。

三是文化环境。改革开放以来，中国大力发展文化事业和文化产业，人民的精神文化生活日益繁荣。如今，随着互联网新媒体的快速发展，中国文化产业发展进入新常态。《中国文化产业发展报告（2015—2016）》指出，中国文化产业正越来越融入实体经济，显示出与发达国家相似的特征，传统文化产业正在向新兴文化产业转型，前端越来越强调内容创意，后端越来越强调服务而不是产品，逐渐演变成一种以体验为名的社会经济生活现象，以开放、自由、平等、共享为基础的网络文化"大行其道"，极大地丰富了人们的文化生活。

2. 媒介环境

互联网的出现，使我们所处的媒介环境发生了巨大的变化，它成为继报纸、广播、电视之后的新一代媒介技术形态。传统媒体的转型困境和网络新媒体的蓬勃发展是新闻传播工作不可忽视的背景。

对于传统媒体而言，媒介融合成为传统媒体转型的必由之路。如《人民日报》等媒体，利用自身权威性的优势，与新媒体相结合，在网络平台上拥有了大批订阅用户，树立了良好的传播形象，也起到了显著的传播效果。但就体制、创新、观念和理念等方面而言，地方传统媒体的转型仍存在一定障碍，尤其是面对媒体融合趋势的前瞻性变革不足。

对于网络新媒体而言，它的出现重构了当今社会新闻传播领域的生态格局。截至2019年6月，中国网络新闻用户规模达到6.86亿，较2018年底增长了1114万，使用率高达80.3%，仅排在即时通讯与网络社交之后，是网民使用率第三的互联网应用。互联网领域的新闻传播活动也日益受到国家相关部门的重视，自2000年《互联网站从事登载新闻业务管理暂行规定》实施以来，网络新闻蓬勃发展，逐步形成了以媒体新闻网站、各级地方新闻网站、政府各部门网站、商业门户网站为主的新闻网站集群。截至2019年6月，经各级网信部门审批的互联网新闻信息服务单位总计910家，服务项目数共计4560个。作为发展多年的互联网基础应用，网络新闻已经进入相对成熟的发展阶段，新闻服务的用户体验也在不断提升。同时，社交媒体与自媒体的崛起，也成为影响网络新闻传播生态格局的重要因素，它们也是新闻传播生态中不可或缺的一环。

3. 受众环境

无论是传统媒体时代，还是全媒体时代，受众（用户）都处于内容生产和信息传播的核心位置。全媒体时代下的受众具有极强的主动性，拥有极强的媒介选择性，能够主动生产内容，成为内容的提供者。网民从"受众"转向"用户"，从"接受"转向"参与"，信息得以更快捷、更广泛地传播。

而与此同时，中国已成为网络大国。根据中国互联网络信息中心（CNNIC）发布的第 44 次《中国互联网络发展状况统计报告》，截至 2019 年 6 月，中国网民规模达 8.54 亿，普及率达 61.2%。

二、当下舆情的主要特点

目前，全媒体时代的舆情危机主要呈现以下几个特点：第一，信源多样化。在智能手机时代，随手拍一张照片、一个短视频，都有可能成为"有图有真相"的消息源，"人人都是新闻媒体"已成事实。第二，谣言成本低。随着媒介社会化程度越来越高，谣言由人际传播转而成为大众传播的低（零）成本趋势在微博、微信等社交媒体中特别明显，"吐槽"是公众情绪宣泄的重要途径，而负面舆情爆发的不确定性也就在这一过程中得到了强化。第三，传播速度快。由于公众的猎奇心理，负面消息的传播往往呈非中心、几何式裂变扩散，几个小时之内就能广泛传播，监管难度增加。第四，网络炒作猛。一方面，民生、环境、腐败内容是网络舆情的多发地带，特别容易吸引网络"推手"、网络"水军"的参与，混淆视听，误导公众。另一方面，每一项负面舆情都有可能引发一系列的思考和深层次的质疑，从而使舆情危机走向更加不可控的局面。这些特点，使得舆情风险覆盖了社会的方方面面。

1. 政府部门成为舆情"重灾区"

全国各地的网络舆情危机都往往集中在民生领域，如官民关系、警民关系、城乡关系、劳资关系、贫富关系、医患关系等"六大关系"，始终是网络舆情管理的重点"地区"。

在网络舆论场，少部分"一拥而上"的网民有"对人不对事"的习惯，不管发生了什么事情，哪一方有理，只要身份核对完毕，立即对号入座"开骂"。2015年6月2日，人民网舆情监测室发布《网络低俗语言调查报告》，总结了互联网"黑五类"：官员、城管、专家、医生、警察。报告指出：网络舆情涉及的关系主体里面，如果涉及警察和普通老百姓，网民必然"判"警察错，共同声讨之；涉及城管和小贩，"判"城管错；涉及公务员，和谁冲突都错；官员，逢事必错；涉及医院和病人，"判"医院错。部分网民在不深入了解事实的情况下，出现情绪性的谩骂、宣泄。

2. 各类企业，特别是部分"行业垄断企业"舆情缠身

不少知名企业和上市公司因为舆情处置不当引发信任危机，甚至市值缩水。比如2018年8月，发生在乐清滴滴顺风车司机抢劫、杀害女性乘客的命案引发公众对滴滴公司的极度不信任，导致滴滴顺风车服务被迫下线。这起事故看似与舆情处置并不相关，但是滴滴公司通报显示，该案发生前一天已经接到了另一位乘客投诉该案作案人"多次要求女乘客坐到前排，开到偏僻的地方"。而滴滴公司并未重视该情况，最终导致悲剧发生。

3. 各类社会团体甚至公益组织也没能"免俗"

2001年，中国红十字会深陷舆论漩涡，事件起因是微博账号"郭美美Baby"以"红十字会商业总经理"的官方认证头衔炫富，引爆了社会公众对慈善组织的强烈质疑，甚至近20年过去，该组织公众形象仍然未有效扭转。

哪怕是高等院校，都会"一不小心"成为网络焦点。2018年11月初，网络曝出浙江某大学学生会干部与赞助商之间的微信吵架截屏，让网民普遍认为某大学学生会干部"官威"很重。2019年7月，山东某大学留学生"学伴"（Buddy）项目引发网络舆情，有学生质疑学校"为一个留学生配三个异性学伴"，且校内参与该项目的学生以女生为主。7月12日，该大学通过官方微博对舆情予以回应，承认在项目实施过程中，由于审核把关不严，在相关报名表格中出现"结交外国异性友人"不当选项等问题。

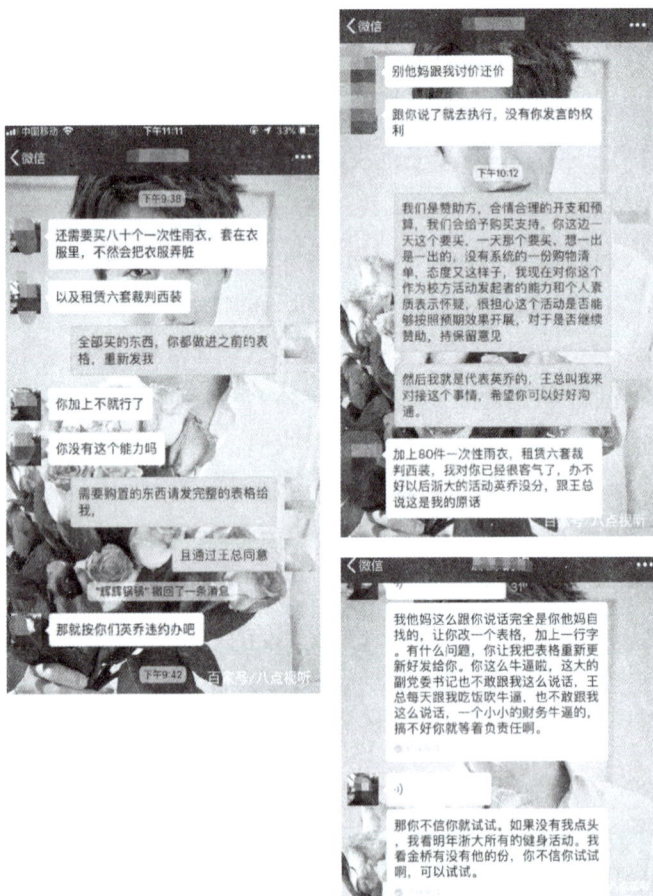

图 2-1　浙江某大学学生会干部与赞助商微信聊天截图

人民网舆情监测室每年都会发布年度网络舆情 20 大热点事件，其中包括正面的热点事件和负面的舆情事件。分析其中负面舆情覆盖的范围，同样可以得出舆论危机覆盖社会生活各方面的结论。

表 2-1　2016 年人民网舆情监测室发布的 20 大网络热点事件

单位：千篇，%

热度排名	事件	报刊	新闻	论坛	博客	微博	微信	APP	热度
1	杭州G20峰会	36.1	602.6	59.5	47.2	80.0	327.3	28.9	97.62
2	南海仲裁事件	18.4	411.6	170.0	65.3	307.6	240.0	37.7	97.37
3	雷洋事件	16.2	237.5	66.6	43.4	67.5	292.1	19.3	93.37
4	2016年美国大选	9.5	443.5	20.3	57.4	54.6	158.3	18.1	92.48
5	王宝强离婚事件	4.3	220.7	55.7	24.5	328.5	175.3	18.6	90.92
6	魏则西事件	10.2	169.1	40.3	40.0	104.1	195.8	10.6	90.67
7	女排奥运夺冠，"女排精神"成舆论热点	9.4	127.6	20.2	11.2	67.3	118.9	17.9	88.76
8	网络直播带动"网红"	5.7	240.8	22.0	21.0	5.6	122.9	13.6	86.08
9	A股熔断机制实施四天后暂停	7.3	203.3	44.8	45.3	18.2	52.9	5.1	85.77
10	2016年全国多省份暴雨洪灾	8.7	126.2	13.6	10.4	13.2	67.4	4.3	84.04
11	山东"问题疫苗"事件	5.3	117.0	15.6	9.3	16.8	94.6	2.5	82.85
12	各地网约车新规出台	2.9	100.4	7.9	6.5	15.7	56.4	4.6	80.82
13	校园"毒跑道"引舆论关注	2.4	42.4	9.3	6.4	26.4	20.7	6.1	78.54
14	杨改兰案与《盛世中的蝼蚁》引争议	2.3	49.6	11.0	8.9	7.9	59.5	1.7	77.38
15	赵薇新片《没有别的爱》引风波	0.5	33.0	10.5	4.7	121.4	45.2	5.3	76.87

续表

热度排名	事件	报刊	新闻	论坛	博客	微博	微信	APP	热度
16	北京如家颐和酒店女子遇袭事件	1.2	29.4	4.0	2.5	57.1	14.7	1.2	74.04
17	朴槿惠"闺蜜门"	1.3	31.6	17.0	1.2	16.0	4.6	1.0	71.23
18	江苏、湖北等地高考减招风波	0.8	17.1	5.3	13.1	11.0	16.1	0.7	70.58
19	帝吧表情包大战	0.4	21.3	4.9	2.0	9.9	29.1	1.5	70.45
20	"连云港反核"群体性事件	0.5	12.9	4.1	2.6	13.7	11.9	0.4	67.36

三、舆情传播的脉络和规律

每个网络热点事件的背后一定有一段故事，牵扯到一种人群，引发一种情绪。特别是那些传播较快、影响较大的舆情，背后往往反映了一个普遍存在的问题，引发了公众的某种共鸣，触动了一批人的敏感神经。

从近年社会舆情爆发领域来看，官民关系、警民关系、城乡关系、劳资关系、贫富关系、医患关系等内容较为常见。它们都是社会公众的敏感点、兴奋点，稍有触动，就会引发网络热议。

而从舆情涉及的公共事件来看，则自然灾害事件、事故灾难事件、公共卫生事件、社会安全事件较为常见。如2008年汶川地震、2011年温州"7·23"动车事故、2003年"SARS"危机、2012年北京"7·21"暴雨事件等，就分别属于上述几个方面，都曾经引发了社会的高度关注和参与。

从网络舆情传播的普遍规律看，舆情传播有5个时期：形成期、爆发期、高峰期、反复期、消散期。每个时期都要有准确研判，才能做好每一步的工作。

2015年5月2日，"黑龙江省绥化市庆安火车站候车大厅发生枪击事件：一名徐姓男子被执勤民警开枪击倒身亡"的新闻出现在微博社交平台上，引发网民热议。

2日晚间，"中国新闻网"为还原事件，刊发文字稿《黑龙江庆安男子在火车站抢夺民警枪支被击毙》。文中描述事件：当日12时许，执勤民警在哈尔滨铁路局管内庆安站候车室安检口处拦截旅客进站乘车时，一名中年男子不听劝阻并抓住一名5岁儿童向民警抛摔，抢走民警携带的警具并抢夺枪支。随后，该男子被民警开枪击倒在地，后经120急救人员确认，该男子失去生命体征。

3日，《庆安新闻》报道，该县某副县长代表省市领导慰问案件中受伤民警，"对民警为保护人民群众生命、财产安全，在负伤的情况下坚持与歹徒搏斗的行为给予肯定。"

6日，网友发帖称该副县长"学历造假""妻子在政府部门吃空饷"等问题，引发网络再一次讨论。

8日，网易发文《媒体呼吁公布庆安车站枪案现场视频还原真相》，腾讯发文《媒体追问黑龙江庆安枪案是否因违法"截访"引发》，枪击案被戴上"信访""弱势群体"的标签，舆论发起了一波质疑。

自此，庆安成为舆论和媒体的焦点。当地不少网友在网上发帖举报"倒卖教师编制""地方贪腐"等问题，网络舆情不再局限于火车站发生的枪击案，与枪击案有关联甚至没有关联的多名官员受到关注。

12日，公安部表态高度重视该案，并责成铁路公安部门配合地方开展事件调查。

14日，官方公布事发现场视频，央视在黄金时间多角度还原事件，仍未能扭转舆论态势。

图2-2 黑龙江庆安枪击事件舆情传播路径

从上述案例可以看出，热点舆情往往具有多次高峰，这是因为热点事件背后，往往有网络推手或者网络小编篡改标题，给舆情贴上敏感标签，比如上述案例被贴上"信访""截访"标签；还有新闻热点搭车现象，比如上述案例中的举报当地贪腐问题，就是网民趁着庆安成为媒体和舆论关注的焦点，表达自身诉求，赢得舆论关注。这些都使得舆情演变更加复杂。

四、要从新闻宣传工作全局认识和引导舆论

舆情与新闻工作有着紧密的关联。中国共产党不同时期的主要领导人对新闻工作都有重要论述。毛泽东同志的新闻思想内容丰富，强调新闻工作要坚持党性原则，提倡"要政治家办报"。邓小平同志作为改革开放的总设计师，指导了我国社会主义的新闻宣传工作。他强调，"党报党刊一定要无条件的宣传党的主张"，"要使我们党的报刊成为全国安定团结的思想上的中心"。

进入 21 世纪，快速发展起来的互联网技术使舆论生态逐渐呈现出一些新的发展趋势和动向：传统主流媒体主导社会舆论的地位开始松动；信息传播的碎片化使传统主流媒体的话语权被削弱；公众的视觉和观点出现多元化的倾向；部分非理性言论和负面信息成为网络热点，引发公众更多的质疑，带来社会负能量。传统的新闻宣传和舆情引导方式受到极大的挑战。

党的十八大以来，习近平总书记在多个重要场合分析当前新闻舆论工作形势和特点，指导相关工作。

2016 年 2 月 19 日，习近平总书记在党的新闻舆论工作座谈会上指出，在新的时代条件下，党的新闻舆论工作的职责和使命是：高举旗帜、引领导向，围绕中心、服务大局，团结人民、鼓舞士气，成风化人、凝心聚力，澄清谬误、明辨是非，联接中外、沟通世界。要承担起这个职责和使命，必须把政治方向摆在第一位，牢牢坚持党性原则，牢牢坚持马克思主义新闻观，牢牢坚持正确舆论导向，牢牢坚持正面宣传为主。

2016 年 4 月 19 日，习近平总书记主持召开网络安全和信息化工作座谈会并发表重要讲话。他指出，很多网民称自己为"草根"，那网络就是现在的一个"草野"。网民来自老百姓，老百姓上了网，民意也就上了网。

习近平总书记还指出，各级党政机关和领导干部要学会通过网络走群众路线，经常上网看看，潜潜水、聊聊天、发发声，了解群众所思所愿，收集好想法好建议，积极回应网民关切、解疑释惑……对建设性意见要及时吸纳，对困难要及时帮助，对不了解情况的要及时宣介，对模糊认识要及时廓清，对怨气怨言要及时化解，对错误看法要及时引导和纠正，让互联网成为我们同群众交流沟通的新平台，成为了解群众、贴近群众、为群众排忧解难的新途径，成为发扬人民民主、接受人民监督的新渠道。

五、辨别和抵制互联网的"违法乱象"

2015 年 12 月，习近平总书记在第二届世界互联网大会开幕式上指出，网络空间不是"法外之地"。网络空间是虚拟的，但运用网络空间的主体是现实的，每个人都应该遵守法律。

对于网络乱象，应该客观认识、及时处置，防止舆情扩散造成更大的危害。当前网络乱象的主要表现形式有以下几个方面：

1. 随意篡改标题，故意误导受众

一些网络媒体为追求"眼球效应"，在标题上大做文章，或是断章取义、以偏概全，或是捕风捉影、无中生有，或是曲解概念、模糊重点，或是夸大事实、耸人听闻，或是负面解构、低俗处理，等等。例如，2016 年 7 月 28 日，有媒体在转发新华社通稿《我国公布建设网络强国的时间表和路线图》时，将标题改为《中国将成为网络强国：2050 年世界无敌》，以夸大的方式吸引眼球。2016 年 4 月 28 日，某商业网站在转载新华网报道《多地整治网约车　探索"规范路径"》时，将标题改为《官方：网约车属高端服务　不应每人打得起》。改后标题与文章原意完全相反。这类"标题党"行为在一定程度上激化了矛盾，造成了不良影响。

2. 跟风炒作热点，激化极端情绪

一些社会热点和突发事件发生后，通过自媒体和社交媒体的传播放大，会迅速形成舆论热点。这些事件发生之初往往是众声喧哗、各种意见针锋相对，如果此时网络媒体不进行调查研究，不加分析判断，盲目跟风炒作，肆意推波助澜，就会使舆论热点进一步升级为舆情事件，造成人们思想上

的困惑和情绪上的波动，甚至引发极端情绪，严重影响社会和谐稳定。2016
年春节过后，一则虚构的"返乡日记"通过新媒体广泛传播，文中描述的
东北农村"礼崩乐坏"的种种情形触目惊心，很多网络媒体未经核实就大
量转载，扩大了虚假消息的负面影响。

3. 热衷传播"三俗"，缺乏价值底线

少部分传播平台，以"技术中立"为名，为淫秽色情信息提供传播渠道；
还有少数客户端和自媒体公众号奉行"唯流量论"，沦为低俗内容的传播
工具，在内容上无节操、无底线，凭借拼凑、撩拨情绪等方式炮制"爆款"，
甚至踩踏法律红线。

4. 报道表述不当，引发舆论热议

有一些报道本身没有问题，甚至是正面报道，但由于一句话表述不当
或一个事例、一组数据运用不当，也会诱发恶意解读，引发负面效应。

5. 过度渲染细节，缺乏人文关怀

对一些灾难事故报道，一些媒体违背基本的职业道德，为了博得眼球，
过分渲染残忍血腥场面，缺乏人文关怀。

6. 放大局部问题，偏离总体真实

一些网络媒体在组织新闻报道时，并未清楚区分个别真实与总体真实，
根据想象和愿望来选取、描述和强调事实，导致"一叶障目，不见泰山"
的情况时有发生。

7. 观点导向失准，造成负面炒作

一些网络媒体在报道中，仍然存在观点和立场偏差的问题，特别是在
一些敏感问题上容易导向失准，引发恶意解读和负面炒作，比如2018年8
月厦门房价回落，一些网络媒体在报道中以"房价崩盘""断崖式下跌"
来博取点击量。

8. 审核把关不严，酿成重大差错

一些重要报道，由于审核把关不严，出现技术性、事实性、政治性差错，
有时会造成无法弥补的恶劣影响。

9. 把关尺度不一，安全漏洞频现

有些媒体网站在PC端讲导向，在移动端忽略导向；在时政新闻中讲导

向，在社会、娱乐新闻中忽略导向；在新闻报道中讲导向，在广告宣传中忽略导向；在文字报道中讲导向，在视频、图解、交互页面等新形态产品中忽略导向；在首页首屏讲导向，在二级页和细览页忽略导向；在主站、主号、主端讲导向，在旗下的产品不讲导向；在白天时段讲导向，在深夜时段忽略导向。把关尺度不一，造成安全漏洞频现。

10. 放任跟帖评论，扩散有害信息

如果对网络上的跟帖评论不加管理、放任自流，网络媒体的互动平台就会成为负面舆论滋生和发酵的"温床"。

对于以上乱象，发现一起，消灭一起，绝不能听之任之。

六、加强依法管理，营造"清朗空间"

习近平总书记在 2013 年 8 月 19 日召开的全国宣传思想工作会议上指出，互联网已经成为舆论斗争的主战场；要把网上舆论工作作为宣传思想工作的重中之重来抓。

在 2018 年 8 月召开的全国宣传思想工作会议上习近平总书记再次指出，必须科学认识网络传播规律，提高用网治网水平，使互联网这个最大变量变成事业发展的最大增量。要加强党对宣传思想工作的全面领导，旗帜鲜明坚持党管宣传、党管意识形态。要推动依法管网、依法办网、依法上网，确保互联网在法治轨道上健康运行。

随着社交网络的发展，互联网正在成为"思想文化信息的集散地和社会舆论的放大器"，在许多事件中往往成为第一信息源。由于网络的开放性、匿名性，有的人在网上搬弄是非、颠倒黑白、造谣生事。

必须清醒地认识到，网络空间并非"风平浪静"，恰恰相反，主流意识形态与西方意识形态、多元化社会思想在网络空间持续碰撞。从某种意义上讲，互联网是"最大变量"，会带来意想不到的影响。这就需要加强制度刚性约束，确保为广大网民营造一个风清气正的网络空间。而为加强网络管理，国家有关部门一直致力于完善相关法律、法规，使得治网管网有法可依。

2000 年 9 月，国务院发布《互联网信息服务管理办法》（中华人民共

和国国务院令第 292 号），首次对互联网信息服务作出原则性的规范。

2014 年 8 月，国家网信办发布《即时通讯工具公众信息服务发展管理暂行规定》；2015 年 4 月，发布《互联网新闻信息服务单位约谈工作规定》，加强对互联网新闻信息服务领域的监管；2016 年 7 月，印发《关于进一步加强管理制止虚假新闻的通知》，要求新闻网站坚持正确的舆论导向，严禁未经核实就将社交平台上的内容作为新闻报道直接刊发。

2016 年 11 月，全国人民代表大会常务委员会发布《中华人民共和国网络安全法》（中华人民共和国主席令第 53 号），以保障网络安全，维护网络空间主权和国家安全、社会公共利益，保护公民、法人和其他组织的合法权益，促进经济社会信息化健康发展。

2017 年 5 月，国家网信办发布《互联网新闻信息服务管理规定》，以加强对互联网信息内容的管理，促进互联网新闻信息服务健康有序发展。其中明确规定了互联网上所有提供新闻传播服务的机构都必须取得互联网新闻信息服务许可，未经许可或超越许可范围开展互联网信息服务活动，都是违规的。而这种新闻信息服务，既包括传统意义上的新闻采编，也涵盖了新媒体环境下网络评论的部分。明确网络评论所处的政策环境，对网络评论工作来说非常重要。

2017 年 6 月，国家网信办根据《中华人民共和国网络安全法》《互联网信息服务管理办法》《国务院关于授权国家互联网信息办公室负责互联网信息内容管理工作的通知》，发布实施《互联网新闻信息服务管理规定》，旨在促进形成积极健康、向上向善的网络文化，维护国家利益和公共利益。

《互联网新闻信息服务管理规定》针对当前新闻信息生产和传播中存在的问题，做了多个方面的具体规定：一是明确国家互联网信息办公室负责全国互联网新闻信息服务的监督管理执法工作，指出应当建立日常检查和定期检查相结合的监督管理制度。二是明确互联网新闻信息服务是一种行政许可，相关从业人员应当依法取得相应资质，接受专业培训、考核。三是健全社会监督机制。国家和地方互联网信息办公室向社会公开举报受理方式，任何组织和个人发现互联网新闻信息服务提供者的违法行为，均可举报。四是建立互联网新闻信息服务网络信用档案，建立失信黑名单制度和约谈制度。五是明确各类具体违法行为的处罚标准。

对于恶意造谣生事、甚至攻击国家制度的行为，就要坚决运用法律的武器，对当事人和传播平台实施严肃惩处。

2016 年春节假期，《财经》杂志社要求记者春节返乡期间，每人写一篇返乡日记。该社记者高某没有返乡，却上交了一篇《春节纪事：一个病情加重的东北村庄》，捏造虚假新闻，影射辽宁丹东一个边境村庄。文中虚构父亲濒死儿子却用低保金"行乐痛快"、媳妇骂婆婆"老不死的东西"、低保夫妇不顾儿子常年酣战牌桌、"村妇密谋组团'约炮'"等事件，并于 2016 年 2 月 14 日通过《财经》杂志微信公众号发布，引来包括微信、微博在内的大量媒体转载和各种"解读"，引发社会广泛关注，迅速引起媒体和网民热议，造成恶劣的社会影响。

后经当地网信部门多方核实，确认这是一篇"闭门造车"的假新闻后，在组织权威媒体发声纠偏的同时，国家新闻出版广电总局依法吊销涉事记者高胜科的新闻记者证，并将其列入新闻采编不良从业行为记录，对发布该虚假新闻的《财经》杂志及相关转载媒体分别作出警告、罚款的行政处罚。

第二节　当前涉税舆情的基本特点

当前，涉税舆情处于多发、频发期，不仅涉税舆情总量在增多，而且在发生地点上呈现"全国扩散"态势、涉及范围上呈现"多点开花"态势。在新闻宣传和舆论引导方面，相对于公安、团委等部门，税务部门还处于摸索和成长阶段，多以积极应对舆情为主，离主动设置议题，高效引导舆论还有较大的成长空间。

据爬虫技术统计，全国 5 万个主要网络站点涉及税务部门的舆情几乎每天都会发生，小到对某地办税服务厅排队等候时间长的微博投诉，大到对全国性的税收政策征求意见稿提出不同的意见等，不一而足。因此，对于国家税务总局而言，涉税舆情可谓是司空见惯，按照流程做好舆情的"搜索—研判—处置"工作，能有效消除公众疑虑，处置税务争端，改进税收工作。但是，税务部门毕竟人多、线长、面广，对于大多数基层税务机关、基层税务领导干部来说，仍然是舆情"初体验"。一旦发现自家被网上曝光，当事单位及领导和干部就会变得非常紧张，情急之下可能作出不当或者过激反应。

一、涉税关注度走高

随着世界经济增速放缓，保护主义、单边主义加剧，国内经济下行压力加大，经济社会改革进入深水区，经济增长进入中高速新常态，长期积累的深层次矛盾逐步暴露，公众的"税感"逐步增强，全社会对税收的关注和评论始终维持逐步走高态势。随着税收改革的进一步深化，税收与公众利益相关性日渐增强。比如个人所得税综合改革、房地产税改革与每个公民都息息相关，而增值税改革、环境保护税、减税降费等则与每个企业纳税人息息相关。

以 2016—2017 年媒体反复"热炒"企业税负问题为例，其之所以能形成持续舆情，有以下几个方面：一是少数社会公众对税收的天然抵触情绪。税收是国家利用公权强制赋予公民的义务，具有强制性、无偿性的特点，而税务部门正是具体负责执行的部门。可是，在少部分"被强制"的人眼里，税务部门却是"从自己口袋里掏钱的人"，这种认知自然就形成了纳税人与税务部门之间的对立和紧张关系。二是当前国家经济形势错综复杂，企业在经济下行过程中，利润水平下降，负担能力削弱，税费矛盾加重。特别是近年来，随着税收征管方式转变、税务信息系统优化升级，以及伴随着经济转型升级的阵痛，纳税人对税收负担的感觉更加敏感，社会的矛盾焦点更加容易集中到税务部门。三是讨论基础不同，简单地将税负与税费负担等同，把税收和社会负担统一纳入税收的范围，会得出误导性极强的结论，抓住了公众的眼球，吸引了"网络仇恨"。税务部门有理有据、清晰严谨的计算方式和正确结论 ①，反而少人问津。

二、涉税舆情辐射面更广

从地区分布来看，总体上网络越发达的地区，涉税舆情越多；商业氛围浓厚、维权意识较强的地区，涉税舆情较多。比如，广东、浙江、江苏等地产生涉税舆情较多，而青海、西藏、新疆等地涉税舆情相对较少。

但是随着近年来网络信息化的快速普及，涉税舆情大有从中东部地区向全国"扩散"的趋势。在舆情应对的压力方面，东部发达地区应对舆情的能力得到了多轮次的"考验"，反而是中西部在舆情"初体验"时压力巨大，状况频发。

三、主动引导涉税舆情

近年来，税务部门积极接轨网络生态，打通新闻宣传、舆情引导、网络传播等链条，着力在话题设置、舆情引导上下功夫，变被动为主动，取得了明显的效果。以增值税税制改革为例，2016 年 4 月底发生了五星级豪华酒店借机涨价的舆情事件，税务部门在酒店涨价后应对成功。而 2018 年 5 月降低增值税税率和 2018 年 10 月以后个人所得税改革等热点事件，税务部门宣传先行，积极引导，帮助纳税人熟悉政策，辅导操作，就没有形成较大的负面舆情。

2017 年，参照公安部、国资委、原卫计委和教育部等设有专门主管宣传工作的司局的先例，国家税务总局成立新闻宣传中心，其中设置舆情管理处来专门指导、协调全国税务系统的舆情管理工作。自此，税务部门的新闻宣传和舆论引导思路逐步从被动应对转换到主动引导。

---

① 中国新闻网在2016年12月21日刊发《专家：中国宏观税负水平总体较低》。国家税务总局税收科学研究所所长李万甫从三个口径解读中国税负情况：大口径宏观税负是指政府全部收入占GDP的比重，按照IMF统计口径测算，2012—2015年中国宏观税负接近30%，远低于发达国家平均水平42.8%，也低于发展中国家平均水平33.4%；中口径宏观税负是指税收收入和社会保障缴款之和占GDP的比重，按照OECD测算口径，2012—2015年中国宏观税负23.4%，2014年OECD国家平均水平为35.5%；小口径宏观税负是指税收收入占GDP的比重，2012—2015年中国宏观税负18.5%左右，并逐年下降，按照IMF数据测算，2013年发达国家为25.9%，发展中国家为20.4%。

第三节　正确认识涉税舆情反映的问题

综合梳理涉税舆情状况，可以大致将涉税舆情分为以下几类：

1. 办税服务类舆情

据统计，全国大约有几万个办税服务厅，为数以亿计的纳税人和缴费人提供涉税服务。办税服务厅，是征纳双方沟通和交流的主要场所，而这里也是涉税舆情发生最多的地方。据统计，大约90%以上的舆情属于办税服务类。诸如大厅服务人员态度不好、大厅排队等候时间长、办税服务来回跑等。这类舆情一般属于小舆情，绝大部分危害不大，处理起来也比较简单，主要是为纳税人解决其具体问题。但是，也存在办税服务类舆情发酵成网络热点的个案。

> 某市纳税人办税跑五趟未果引发对纳税服务质疑。2016年6月30日，一位名为"某博物馆员工"的微博网友称，自己为交纳个人所得税和代开一张劳务发票，先后到某市5个区的税务部门，花费6个多小时，仍然无果而回。该微博迅速得到网友的吐槽和回应，引发广泛关注。第二天，当事人又接到了5个税务部门的"帮助热线"，一时被传为笑谈。还有极少数不想排队的纳税人有样学样，通过网络吐槽来获得"绿色通道"快速办税。

2. 税收政策类舆情

税收政策关乎每一位纳税人的自身利益和权益，特别是在政策修订的过程中，往往受到高度关注。这类舆情多发生在政策修订、征求意见、两会提案议案讨论的时间节点。如近年来，每逢两会都有代表委员提出修改个人所得税起征点的建议，也都被媒体拿来评论一番。2018年两会期间，全国工商联建议起征点调高到7000元、格力电器董事长董明珠建议调至10000元，都引起了媒体与社会舆论的广泛关注和讨论。

目前，网络上有一种思维误区，无限放大税收的调节功能，认为税收能够调控一切，甚至出现了把经济增速下滑、企业盈利能力下降、贫富分化等社会矛盾全归咎于税收的倾向，涉税舆情逐渐转移到税收制度设计层面。同时，社会上还有个别所谓的"专家"，对经济和税收似懂非懂，往往利用网络情绪和个别案例煽风点火，指责税务部门和涉税政策。此类舆情影响范围广，往往易引起全国性的讨论，同时又和一些特殊的时间节点（比如两会期间，经济数据发布前后，国际上主要国家发布重大税收改革等）相联系。

3. 税收案件类舆情

税收案件往往涉及税法甚至刑法等法律法规，内容专业性较强。一般的社会大众往往很难理性分析案件结果。但在新媒体高度发达的当下，在一些人"吃瓜"精神、娱乐至上精神的影响下，往往会对相关案件"评头论足"，从而引发舆情。特别是涉案一方是社会知名度较高的公众人物或大型企业时，舆情更加猛烈。

2018年，某明星偷税案发后，大众密切关注案件进展和处置结果。特别是决定该明星缴纳税款、滞纳金、罚款8亿余元，而没有追究刑事责任，引起了舆论的广泛讨论。不少网络文章将此案与以往的明星税案进行简单比较，随意联想猜测。因此网上就出现了为何该明星"没有被追究刑事责任"的讨论。一些不明真相的网友更是对该案肆意留言，对税务机关公正执法的形象造成了影响。甚至从单个案例引发出对整个影视行业、阴阳合同等的讨论。

此类案件的矛盾和聚焦点，往往集中于被审理对象身上，对作为执法机关的税务机关影响相对较小。但大众对审理结果会有预期，假如有落差的话，就会衍生出对税务机关的舆情，税务机关会"无辜躺枪"。所以，税务部门要及时向外公布案件的进展情况，并对相关决定的依据进行解读，对社会舆论进行引导，防止大众出现盲目判断、跟风评论的情况。

4. 干部管理类舆情

近年来，干部管理类舆情时有发生，这在一定程度上是因为随着现代媒体的快速发展和政府信息透明度的持续提升，全国各地的干部违法违纪行为更加便于被大众查阅，而其中税务系统案例又往往"天然带有流量"，这就给人造成税务干部管理不到位、纪律性差的错觉，易将税务机关推入"塔西佗陷阱"，即不论税务机关说真话假话，做好事还是坏事，都会被认为是说假话，做坏事。这种公信力的丧失会使税务机关陷入难以发声的公共困境。若不及时对干部管理类舆情加以引导，很容易产生舆论一边倒的情况，增加舆情处理的难度。

与前几类舆情相比，干部管理类事件涉及了反腐败这个舆论热点话题，更易引起公众舆论的非理性讨论，还易从对个案的讨论蔓延至对全部税务机关、全体税务干部的讨论，引发税务部门的形象危机。所以对此类舆情，在发生时要第一时间进行管控，协调当地媒体、网信、公安等部门进行处理，防止舆情扩大，形成社会性的负面讨论，给税务部门带来不可挽回的损失。

第三章

有效处置涉税舆情

面对来势汹汹的网络舆情危机，科学设置议题、正确引导舆论，事关党和政府的形象，事关社会稳定。

但是，个别基层干部和地方政府官员没有跟上互联网思维，导致在舆情危机的应对和处置上出现很多问题：有些基层干部不懂网络，对网上舆情漠然视之，在突发事件面前，不知道如何运用网络及时发布消息，导致网络谣言滋生，甚至"满天飞"的恶劣后果；有些地方政府部门用"粗暴、原始"的办法处理舆情事件，试图用堵、封、瞒、蒙的手段掩盖真相，降低了政府公信力，损害了政府形象；有些基层领导干部轻视对网络舆情的搜索预警，导致一些看似不起眼的突发事件，在网民评论的推波助澜之下，迅速形成舆论热点，如果网络舆论持续高涨，并缺乏适当的官方引导，就很容易造成负面舆论"一边倒"的情况，最终演变成网络舆情危机。

在应对舆情和引导舆论方面，税务部门基层干部也不同程度上存在上述一些错误思想，封堵不住了，就认为干不了，或者将矛盾上交，这些对舆情处置都于事无补。

"舆情来了怎么办"，这是每个牵涉其中的人最关心的问题。本章从按照"使负面影响最小化"的要求，秉承"谁主管谁负责"的原则，提出分级分类研判、按属地进行舆情处置，并建立包括"预判—监测—研判—处置—反馈"的舆情引导闭环流程，有效处置涉税负面舆情。

第一节　掌握舆情是基础

2018 年 4 月 21 日，习近平总书记在全国网络安全和信息化工作会议上提出，各级党政机关和领导干部要提高通过互联网组织群众、宣传群众、引导群众、服务群众的本领。

税务部门领导干部应积极按照总书记的指示要求，主动上网，不仅关心税务部门的事件，也要关注网上的热点话题，了解社情民意，掌握公众关注的税收问题，做好日常研判。具体可以从以下几个方面着手开展相关工作：

一是密切关注网络动态，准确把握网络舆论场的最新动向。比如新浪的微博话题 top10（简称"微博热搜"），就是网络舆情的"风向标"，这些话题往往就是当前网民最关注的网络话题，网友对这些话题表达的观点、情绪，在一定程度上是能代表当前网上的主流民意的。对于其中的负面情绪，如果没有很好的引导，其话题就极可能引发进一步关注，扩散成全网热点话题，甚至引发线上线下联动的公众参与。

二是关注、预测并复盘各类网络舆情的走势，体会舆情涉事各方的"唇枪舌剑"，分析舆情发展的"起承转合"和公众情绪在舆情发展过程中所呈现出来的喜怒哀乐，也有助于提高解读网络舆情的能力。

三是预演网络舆情发展方向，及时建立"防火墙"，隔离危险地带。许多经济社会类舆情与税收话题联系紧密，稍有不慎就可能使税务部门遭受池鱼之殃。因此，关注网络舆情，排查自身风险点，是有效的自我保护。

2017 年 3 月，山东聊城于欢案适逢两会期间，"辱母杀人案"的报道在网络发酵后，税务部门在第一时间开展风险点研究，仔细排查其涉事相关企业是否存在税务违法问题、是否存在税务干部牵涉其中问题等，有效地排除了税务部门波及其中的风险。这就是舆情研判，提前了解情况、排除风险带来的主动，为税务部门的有效处理和形象维护提供了更大空间。而后来该舆情关注点逐步扩散，引发社会大讨论后，公众质疑范围逐步扩大，果然出现了网络热帖追问银行的贷款审批机制不健全、当地政府打击黑势力不力等诸多问题。这个案例警示我们，即使是舆情发酵始发点与税务部门无关的社会热点问题，如果稍有疏忽放松警惕，也可能使税务部门"躺着中枪"。

而要做好舆情管理工作，必须全方位掌握舆情，可以从"快""全""专"三个角度来把握。

一是要快，要在舆情出现传播扩散端倪的第一时间发现，为后续所有工作赢得主动。人民网舆情监测室提出"黄金四小时"的概念，强调舆情处置要快。而舆情处置得快其实是建立在舆情掌握要快要准的基础上的。如果一个涉税舆情，已经在网络上"热炒"，甚至谣言满天飞了，才被发现，就会给后续工作带来极大的被动。因此，建议采用适当的科技手段作为辅助，通过专业的软件和程序，对网络信息流进行自动识别和选择，供专业工作人员进一步确认和处置。

二是要全，要做到"滴水不漏"。掌握舆情是基础工作，它就像一个网，这个网撒下去，一定要把舆情全部"捞"起来才行，否则就会出现"漏网之鱼"。网络空间纷繁复杂，网站、新闻客户端、微博、微信公众号、搜索引擎、贴吧、论坛、博客、知识类社区、视频类热点应用、境外主要媒体和社交平台都有可能成为舆情的发生、发酵区域，应予以重点关注。

三是要专，也就是"准"。这要求具体工作人员要有较好的新闻宣传和舆情引导的素养，能准确研判网络热点，敏感把握政策变化、数据发布等重要时间节点，对网民可能的发声有较强的预判能力。建议可以加强系统内外的交流联系沟通，系统内各层级之间沟通要顺畅，要把握舆情事实，建立预警机制和应急预案流程，定期探讨处置方法，更新案例库；在系统外建立广泛的朋友圈，实时交流涉税新闻的传播力度、网友评论、专家观点、记者动态等；还要有效地借助舆情监管和研究机构的力量，建立全面的分析研判机制，为涉税舆情的处理积累经验。

只有做到以上几点，才有可能全面掌握舆情事实，实时判断舆情动态和网络公众关注点变化及对税收政策、税收执法等态度的微妙变化。

2016年4月底，营改增全面推开前夕，上海等大城市部分五星级国际知名酒店贴出"提价"告示——"因营改增税负上涨等原因，将住房消费的价格提高6%左右"。在及时发现舆情后，税务部门第一时间通过媒体发声，算清酒店行业的税负账，指出酒店涨价属于借机炒作涨价的行为；同时通报并配合物价、市场监管等部门，要求涉事酒店及时整改，快速有效地处置了这次舆情事件。

第二节　精准研判舆情

研判贯穿舆情管理的全过程。

舆情研判就是要在深入理解网络生态、做好舆情分析研判的基础上，将不可能变成可能，甚至变成"确定"，以此来指导舆情管理工作。舆情研判就是要以舆论引导的思维，科学研判每一项政策、每一个举措、每一个数据带来的公众情绪变化，及时消除负面影响，这是一项经常性、持续性的工作。

一、事前研判

特别是在重要会议期间、重大政策调整期间、重要数据公布期间，舆情研判要提前介入，预测公众态度，准备问答口径。比如第十二届全国人大一至五次会议新闻发言人傅莹在其专著《我的对面是你：新闻发布会背后的故事》中，详述了她和团队在每次发布会前做的精心研判。

2017年"两会"期间，适逢营改增实施半年多，社会对新政带来的变化还存在疑惑。3月2日，新闻发言人王国庆在全国政协十二届五次会议新闻发布会上主动回应：2016年营改增试点减税5000亿是实实在在的事实，但具体到各家企业，因其投资周期、资本构成、所处行业、管理水平、盈利能力、纳税人所在的时期等因素都不同，可能对此的感受会有差异。

二、事中研判

事中研判，是指舆情已经发生，这时需要研判舆情的热度、未来走势、具体事件处置和引导策略。

1. 准确判断舆情"热度"

根据专业机构的统计口径，如果某个事件的网络回复浏览比在 8% 以上（即回复量 / 浏览量，比如 100 个浏览，有 8 个跟帖或回复），就说明公众对该事件关注度高，相关部门应引起高度重视。如果微信公众号文章6 小时内的阅读量超过 1 万，相关部门就需要引起注意；如果阅读量超过10 万，则需要密切关注；如果话题登上了新浪微博热搜榜前十、百度热搜前十等，就需要重点关注。

2. 对监测到的舆情，根据具体内容、涉事主体、传播范围和影响程度，可以划分为高风险、中风险和低风险三个等级

高风险舆情是指涉及内容指向税务机关工作制度缺陷或体系机制缺失、传播速度快、影响程度恶劣、容易对税务部门整体造成严重负面影响的舆情。高风险舆情应该由国家税务总局统一筹划应对，安排相应的业务部门和属地税务机关联合处置，必要时通过权威媒体重磅发声，回应质疑。

低风险舆情是指涉及内容具体细微、有明确指向、对税务部门危害不大的舆情。这类舆情需要由涉事税务机关及时处置，快速反馈。这种舆情看似危害不大、传播度不高，但也要第一时间应对，防止小事拖大、大事拖"炸"，一定要防止低风险舆情向中高风险演化。

其他处于两者之间的为中风险舆情。中风险舆情区别于低风险舆情的特点就是具体事件可能会演变为一般性事件，小危害可能扩大化。所以，中风险舆情需要上级税务部门指导涉事机关抓紧处置，及时排解矛盾，消

除误解或者错误。

根据公安部有关舆情专家的意见，也可以将舆情分为燃点、爆点、炸点，其实质与低、中、高三类分档是一样的。

3. 根据舆情指向的内容研判舆情，将其大致分为纳税服务类、税收政策类、税收执法类、内部管理类、税收宣传类和其他涉税类，找准舆情反映的主要矛盾，精准落实责任部门，抓紧解决问题

比如，如果是纳税服务类舆情，就要找准舆情反映的问题，找到提出质疑的人，及时对接沟通；如果是办税遇到问题，要请纳税服务部门抓紧辅导政策、帮助办理；如果是执法类问题，要请督察巡视部门抓紧核查执法程序、尺度，做好沟通解释或者纠正执法偏差；如果是内部管理问题，如反映干部违法违纪，要请纪检监察部门抓紧核实，及时消除影响或者依法依规处理；如果是税收宣传问题，要请宣传管理部门核实稿件，把握尺度，及时撤除稿件或做进一步说明等。

有些舆情的来源竟是本部门的宣传稿。2017 年 7 月 9 日，某行业网站发布一篇新闻稿，反映某航空公司以客户为本，帮助一个 66 人的团体旅客调整座位，集中乘坐飞机的事情。本意是高度肯定该航空公司克服困难，放弃周末休息时间，服务团体旅客的先进事迹。没想到新闻里无意"爆出"该团队由 66 名政府工作人员组成，而且成员涵盖某省高官，最终集中安排在飞机最前面 11 排座位。

新闻发出后，引发网友强势围观，甚至有网络写手模仿曾收入中学语文教材里的《为了六十一个阶级弟兄》，写了一篇《某航：为了六十六个阶级弟兄》，令涉事各方非常尴尬。这就是宣传不当引发的舆情。

三、事后研判

事后研判，也是事后分析。舆情处置基本完成后，要组织人员对舆情进行"复盘"，分析舆情起因，以及处置过程中存在的工作不足和相关制

度性问题，及时向业务主管部门提出整改意见和建议，达到举一反三、改进工作的效果。

2013 年 6 月 7 日，厦门发生了快速公交纵火案，导致 47 人遇难。公共交通安全和紧急逃生系统被社会广泛关注，多个城市迅速制定措施加强公共交通安全管理。比如，在公交车上配置"安全员"，加设安全锤，实施安全检查等措施。

第三节　积极应对舆情

网络舆论世界热闹非凡，舆论关注的热点应接不暇，但是对于绝大多数普通民众来说，一般都事不关己，能以一种较为轻松的心态看待这些热点，最多是在电脑屏幕上打字评论"参与"，做"键盘侠"。

同样，在传统媒体时代的涉税舆论场中，对于绝大多数的普通税务干部来说，涉税舆情一般都是"别人家的事"。但是，随着近年来网络舆论场的扩张，不少税务干部都跟涉税舆情有过一次甚至多次"亲密接触"。通过涉税舆情案例的研究发现，有些税务干部特别是领导干部，心态没有完全跟上时代发展的节奏，还是保持事不关己的旁观姿态，或者认为网上的事情是网上的事情，跟实际性的工作没有关系，甚至对发生在"家门口"的涉税舆情装聋作哑，不闻不问，心怀侥幸，期望舆情自然冷却。殊不知，网络舆情绝非小事，如果没有积极引导，就极易导致小事拖成大事，大事化为"炸弹"，严重损害税务部门的形象和利益。

究其原因，还是没有树立正确的舆情观。对待税务舆情，税务干部特别是各级领导干部要纠正以下三种错误认识：

第一种是"没必要论"。有的干部认为，媒体报道，特别是网上的各种报道和微博、微信的消息，真真假假，难以区分，没有必要小题大做。这是思想上不重视。实践证明，微博、微信等自媒体首发的舆情，暴露出的问题多是"有图有真相"，可信度很高。而且这类舆情通过朋友圈传播的速度极快，造成的负面影响极大，损害的不仅是个别人、个别单位的形象，而且是税务部门的整体形象。

事实真相长期缺位，必然导致谣言"满天飞"，甚至有"谣言"演化成事实的趋势，上文提到的黑龙江庆安枪击案就是典型案例。案件发生10天内，没有任何权威部门表示要查清真相、没有任何官方视频资料发布，导致舆情持续高位，演变成全国化热点舆情：5月2日舆情发生，在网络传播；5月3日庆安县领导慰问受伤民警，引发公众逆反心理，质疑"事实未清、民警获肯定"；5月4日，网传该事件涉及"截信拦访"；5月5日，传死者家属得到20万元封口费；5月7日，网传现场视频，指责民警故意殴打徐某；网民实名举报慰问受伤民警的县领导违纪违规……直至5月14日，新华社和中央电视台依据调查结果深度报道，用视频音频等资料证实徐某当日多次袭击民警、用女儿抛摔民警等细节，得以澄清事实真相。真相公布后，大部分公众才认可警方应急处置。

但是，舆情导致的负面效应还在持续。一方面，仍有公众质疑舆情迟迟不公布，涉事视频是通过剪辑造假得来。另一方面，对庆安县的政府形象造成持续负面伤害，甚至遥远的安徽省安庆市还发布官宣：这里是安庆，不是庆安。

第二种是"没办法论"。有的干部认为，嘴巴长在别人身上，我们没办法堵别人的嘴让别人不说话，而且舆情扩散后，电视、网络、报纸、电台等媒体广泛报道，根本没办法去有效引导，妥善处置。这是一种"鸵鸟心态"。它将导致网络上本来能说清楚、能处置好的舆情迅速蔓延，小事变成大事，假事传成真事，甚至引发税务部门的整体社会信任危机，酿成重大事件。

第三种是"没精力论"。有的干部认为，现在税务系统面临各项改革，特别是机构合并和税制改革等多重任务交织，工作任务重，压力大，没有时间、没有精力耗在舆情管理上。这是一种割裂式、片面的观点。事实上，舆情的发生发展与税收工作息息相关，营造良好的舆论氛围，能有力地促进税务部门更好地实施机构改革和税制改革。

各级税务部门特别是各级税务部门领导干部，应该及时调整思维模式，树立网上网下"一盘棋"的理论，从"讲好税收好故事，传播税务好声音"的角度，做好舆情管理和引导工作。

第四节　准确回应舆情

针对突发舆情反映的问题，要尽量在第一时间查清事实。因为不管是正面回应质疑，还是侧面引导，都必须要有准确的事实作为依据。如果不掌握确切的事实情况，那么无论如何回应，应用何种技巧，都会被舆论的"追问""卸下伪装"，到头来还是非常被动。

在温州"7·23"动车事故后召开的紧急发布会上，时任铁道部新闻发言人因不掌握现场情况、不了解事件进展，仓促应战，情急之下忙中出错，导致了后期舆情发酵得"一发而不可收拾"。

一、将困难想得更充分一些

舆情危机的发生，在很大程度上是由于当事者的重视不够，通用电气（GE）董事长兼 CEO 杰克·韦尔奇就建议，在面对危机时要有几个关键的假设：一是假设问题本身比暴露出来的更加糟糕。在危机开始时，基层和内部往往否认问题的存在，给危机后续处置带来难度。二是假设这个世界不存在秘密，每个人都会知道事情的真相。面对危机、遏制和封锁消息是最本能的反应，但是真相被别人抖出来会更加被动。三是假设危机的处理会被别人以最敌对的态度描述出来。媒体和公众不会站在你的角度去考虑问题，反而可能会以最恶意的态度和方式去揣测。

所以，处置舆情时，建议不妨把事实和结果想得"坏"一些，不急于去辩解和辩护，为下一步赢得主动。

2018年10月28日上午10时许，重庆万州一辆公交车坠江，造成15人死亡，引发社会各界的普遍关注，"网络侦探"根据有限的消息积极"追凶"，剧情反复反转：最开始，网络集中谴责一辆红色小轿车车主，认为是其逆向行驶使得公交车坠江，对小轿车女司机进行口诛笔伐；随着道路桥梁上的视频被公开，发现是公交车驶入了对向车道，批判的火力转向了公交车司机；待公交车车载黑匣子被打捞，才最终还原了坐过站的乘客攻击公交车司机，导致车辆失控的真相。这出网络"闹剧"的一波三折，真正体现了网络舆情的复杂性。

处置涉税舆情，需要在第一时间排除各方的干扰，查清楚事实。主要涉及几个方面：

1. 找准舆情的直接涉事各方

舆情的起源是人，只有找到了人，找到了涉事单位，才可能进一步深入了解事实，搞清楚舆情的真相，进而解决催生舆情的事件。具体的舆情，如办税服务厅的网络投诉，要找准投诉的人员、被投诉的相关单位。抽象的舆情，如对税收政策不满的表达，要找准提意见建议的人、具体针对的政策等。

2. 判断舆情陈述的事实是否准确

这个过程需要仔细深入的核查。因为涉事双方正是有了意见分歧，才会诉诸网络，发生舆情。尤其是基层舆情，可能是涉事税务机关不合法不合规的操作，但是因为各种原因，故意掩盖事实，拒绝透露事实真相；也可能是税务行政相对人无理取闹、哗众取宠，为了得到优先办税的利益或者达到个人某种目的，故意颠倒黑白，混淆是非。这需要综合各方面意见，深入展开调查，才能还原事实真相，判断舆情真伪。相关人员一定要耐心细致做好涉事各方的工作，以真诚解决矛盾和问题的姿态，了解舆情背后发生的故事，体会舆情背后隐藏的情绪，努力找出事实。

二、尽早回应赢得主动权

在查清事实的基础上，可以将舆情分类处理：第一类是舆情反映的问题严重歪曲事实；第二类是舆情反映的问题属实，税务部门确实存在不当的做法；第三类是处于两者之间，可能处于法律和常理的争议地带，界限比较模糊。

应对第一类舆情，即网络上严重歪曲事实、误导公众的言论，应该有理有据，逐条说明，力争"有图有真相"，彻底消除误会，澄清事实。

2013年7月1日，广西壮族自治区贵港市国税局被媒体曝光"正在斥资5000万元修建新办公楼，且装修都是使用豪华大理石材料"，引发网络质疑和媒体采访。该局临危不乱，通过其官方网站撰文分三点正面回应舆论关注的三个焦点问题。一是新建综合业务办公用房的立项原因：根据贵港市建设规划委员会《关于要求贵港市国家税务局预先做好房屋拆迁准备的函》及贵港市第三届人民政府第九次常委会议纪要通知，贵港市国家税务局现有综合办公楼属于拆迁范围，必须拆楼、选地重建。二是新建综合业务办公用房的立项审批情况，重点说明了立项申请的各级部门审批过程，并附上级批复文件的照片。三是重点说明项目总投资为3533万元（含征地款821万元及信息化建设资金等），项目单位造价及人均面积标准均符合党政机关办公用房建设标准，不存在超标准建设问题；装修材料除了墙裙和大门门套使用普通人造大理石外，其余均使用普通瓷砖，所使用的材料都符合党政机关办公用房装修用材要求，不存在报道所述的"都是使用豪华大理石材料"问题。

这类舆情的应对，只要把事实说清楚，一般就可以得到较为稳妥的解决，而真正考验税务部门的是应对上文所述的第二类和第三类舆情，即舆情反映的问题属实或基本属实，税务部门确实存在不当的做法或者行为。涉事单位或领导干部的第一想法往往不愿意"家丑外扬"，宁愿关起门来处理干部，也不想将工作错漏公之于众。更有甚者，对外界的质疑支支吾吾，想通过转移视线、顾左右而言他等手段"糊弄"过去。这恰恰犯了舆情处置的大忌。

如果舆情反映的问题事实清楚、情况明了，不如敞开心扉，承认错误，承诺整改，后续邀请媒体做好监督。如果事实一时难以查清，不妨先表明态度，正视舆情，并邀请合适的机关或人员介入，共同查实情况，及时给公众一个积极的反馈。

对于没有实际矛盾，不涉及利益相关方，纯属网友起哄凑热闹的舆情，不如大方承认错误，放下架子，与民同乐，以求及时引导，化危为机。因为这种没有实际矛盾的舆情，如果承认工作失误，并表现出适当的谦逊，网友往往会会心一笑，甚至高度赞赏，化危机为优化单位亲民形象的契机。

2011年6月16日，四川某县政府网站发布了一条题为《高标准建设通乡公路》的新闻，并把"现场照片"放至头条位置。不久便引发网络质疑。细心的网友很快发现，这张"领导视察公路"的照片带有明显的PS痕迹，相关县领导"悬浮"在公路上"视察"，引发一轮网友的热议，随后被"恶搞"：网友将该照片涉及的几位领导合成到全世界各大著名旅游景点开展"视察工作"。一时之间，该县沦为网络笑话，官方网站被网友拥堵瘫痪。6月17日，该县在新浪开通了官方微博进行道歉："图片的问题我们确实错了，网站确实是瘫痪了。"

接下来该县开展了一波"神操作"。一是注册ID为"某县孙正东"的微博，主动承认他是"悬浮照"的制造者。还撰文表示"本人近段时间，将闭门苦练PS技术，欢迎大家指导""听说PS还在继续，县领导表示鸭梨很大。他们不仅要长时间保持同一姿势处于飘浮状态、还要全球各地的跑、有时甚至还得穿越去参加开国大典什么的，很忙很累的有木有？！麻烦各位大侠放下鼠标，高抬贵手，别再玩了。那些执迷不悟的'顽固分子'，悄悄提醒下，小心领导组织拆迁办去你家拆电脑哦。""感谢全国热心网友，让县领导有机会在短短的时间内免费'周游世界'，'旅行'归来后，领导已回到正常的工作轨道，也希望网友把关注的焦点，转移到会理这座古城上来。会理是座有着两千多年历史文化的古城，也是古南方丝绸之路的重镇，看看@阿卓志鸿镜头下的美丽的会理吧，绝对没有 PS 哦"。二是 6 月 29 日，该县官方微博开始推介本地旅游资源，并主动提及登出的当地风景照"未PS"。上述微博很快便有了上万次的转发评论，评论几乎是一边倒地褒扬之声。

"该贴成为迄今新浪微博中带有该县县名关键词的转发量和评论量最大的单条微博，对舆论的逆转有较大作用。"时为武汉大学博导的沈阳教授及其团队，在对会理事件进行舆情汇总分析后指出。

当然，面对突发舆情，税务部门很可能仓促应战，没有充分的时间和手段查清所有情况。面对没有调查清楚，或者事实尚不明朗的舆情，其处理一定要把握以下原则：不陈述没有把握的"事实"，不谈论超出职责范围的事，不说明不确定的内容，不引用没有论证过的观点。面对媒体，官方的回应代表的就是一个部门的整体形象，要剔除个人的思想、个人的意见、个人的看法。在这方面，国防部、外交部的新闻发言人回答记者提问可作为典范。

2018 年 12 月 12 日，外交部发言人陆慷在例行记者会上，针对"报道称加拿大前外交官康明凯被拘留一事"，回应称：对于上述报道提及的事情目前没有相关的情况可以提供。2018 年 12 月 21 日，外交部发言人华春莹回应"中方从早到晚对被扣押的加拿大公民康明凯进行询问，不允许他与律师见面，只允许加拿大外交官每月对他进行一次领事探视"的质疑称：我不知道你说的这些是从哪个渠道听说的。是真的吗？

三、警惕被插上"敏感标签"

当前，网络舆情传播的一个显著特点就是"标签化"，即将特定的人物、特定的事件安上特定的"标签"，引发一类人的情感共鸣，挑动一批人的敏感神经，挑拨一群人的社会情绪。比如前文所述的"网络黑五类"，就是将特殊的群体标签化，引导公众对涉事方的不信任，挑动对立情绪。在舆情处置应对中，要及时拔掉敏感标签，引导公众就事论事，防止被"标签"裹挟，陷入进退维谷的境地。

2015年11月，一则"河南大学生抓16只鸟被判刑10年"的新闻引发了关注，因为被贴上"大学生"的标签，网友纷纷起哄说"人不如鸟""小兵张嘎生活在今天大概也会坐牢"等，指责当地执法机关小题大做、量刑过重，毁掉"大学生"的前途等。

办案检察官在回应质疑中有理有据：一是闫某掏的不是普通的鸟，是燕隼，国家二级保护动物。而且闫某在网上兜售时特意标注信息为"阿穆尔隼"。二是这不是偶发行为，而是完整地参与了售卖、收购国家二级保护动物。三是燕隼是独居动物且领地意识很强，一窝仅有2—4只，抓16只燕隼应该是多次、多地、处心积虑的犯罪行为。

四、严防泛政治化炒作

"敏感标签"中值得单列出来的的是"泛政治化"，即将经济、科学、教育、文艺等领域本来与政治毫不相关或相关性极低的各种言论、行为都人为地引入政治领域，以政治的逻辑和框架来理解、诠释社会现象。而涉税舆情的发展也有"泛政治化"的隐忧，部分媒体和网络舆论经常把税收政策的调整与宏观经济形势、国际政治等关联起来，造成人为的舆情危机。

遇到这种情况，首先要尽快公布情况，避免公众被舆论"带节奏"而转发一些主观性极强的言论；其次要注意网络谣言，特别是某些带有极端民族主义情绪的剪辑视频，很容易在"泛政治化"的传播语境中流行；第三要呼吁"吃瓜"需冷静，及时回应公众知情需求。

2019年3月，某知名大学出现保安制止穿类似和服的青年男子入校赏樱花，双方发生肢体冲突事件，很快就引发了网络舆情，新京报、上游新闻等媒体报道双方冲突是因为被打男子穿"和服"。之后有媒体提出，要厘清爱国边界，如光明日报客户端发文《穿"和服"赏樱被打，避免民族情绪"擦枪走火"》，呼吁公众以一种成熟的大国心态看待此事。但在网络的舆论讨论中，大量网民的关注点都聚焦于被打男子穿"和服"的特征上。既有网民为该男子"鸣不平"，质疑校方处理不当；也有网民认定事关国家荣辱。直至该大学发布官方回应，称实因涉事游客"一人未预约""强行闯门""辱骂安保人员"等行为引发冲突，舆论场风向才发生转变。部分舆论质疑媒体"带节奏"，有意引导公众关注被打男子穿"和服"；但同时，也有媒体指出武汉大学官方回应未提及被打男子穿"和服"情节，有避重就轻之嫌。

第五节　双向分析训练基本功

当今社会，传统媒体和以网络为代表的新兴媒体并存，多种媒体之间信息互动、资源共享，尤其自媒体的广泛兴起，给税务部门增加了防不胜防的舆情危机和风险。对此，税务部门需要大力开展舆情信息相关大数据的收集、分析，对网络舆情事件起因、性质、产生的影响、相关责任等方面进行评估、分析，把基于网络舆情处置过程中所形成的正反两面经验与教训进行分析与推广，不断提高舆情管理和引导能力。

特别是面对舆情"来势汹汹"的特性，除了本章前四节提出的舆情应对策略之外，还要把工作做在细处，能在平时就对舆情分析予以积极的训练。本章第一节曾说到税务部门的领导干部要主动上网，了解民意，主动关注、预测并复盘各类网络舆情的走势，以提高解读网络舆情的能力。那么，本节就援引正反两方面的案例，对如何在平时练好舆情应对"基本功"加以进一步分析说明。

一、重点分析失败案例

随着信息技术环境的改变，以往舆情管理的主要方法策略逐渐失效，而部分涉事部门却还没有从只要与主流媒体、新闻舆论管理部门进行充分沟通就可以化解舆情危机的"旧梦"中警醒过来，导致在处理新媒体上的舆情危机时困难重重。

对此，可以总结分析近几年社会发生的典型舆情处理失败事件，强化负能量管控，树立舆情危机和风险意识，突出围绕"石墙策略""洗白策略""皮球策略""讨伐策略"等方面的公关策略进行深入分析研究，讨论其处置失败的原因，并以此寻求应对舆情危机的正确策略。

1. 不当处置之一：石墙策略

所谓"石墙策略"，就是在面对危机时，涉事部门保持沉默，以避免经济责任和次生舆情危机的产生。

事件 1：福岛核危机爆发后，全世界核电站的运营状况遭到了公众的普遍质疑和担忧。在广东某地，因为事先沟通不畅，导致居民对一家资质齐全的核电站建设颇有微词，并发生抵制行为；一天后，该项目被当地政府取消。

事件 2："山西焦煤董事长家中被劫遭免职"事件在网络中吸引的关注度较高，网民对该事件及舆论报道的认同度较低，舆论的焦点在于指责有关部门在该董事长家被劫之前未发现问题、有关部门应公开事件处理结果、公示事件当事人财产数额及其来源，只不过遗憾的是针对以上舆论焦点，当地公安局及相关部门只公开了该董事长家被劫案告破、董事长被免职等较为抽象的消息，对其余两个焦点未予回应。

反思：如果没有及时准确的应对方针和应对策略，舆情很快便会因媒体和公众的相互影响发展到一个难以收拾的地步，并因负面情绪的爆发和蔓延，导致政府和部门形象受到损害。事件主体有责任、有义务发挥自身在舆情导向中的价值和作用，引导公众对事件发展的阶段性、政府部门改革的成长性有所理解，帮助公众不被负面舆情恶意引导。舆情发展过程中，尤其需要密切关注那些对组织机构的社会公信力产生破坏效果的舆论，及早展开相关监督措施，尽快发现问题，相应提出应对、解决方案，在舆情可控的阶段，将舆情危机消灭在萌芽之中。

2. 不当处置之二：洗白策略

所谓"洗白"策略，就是犯了错误之后，总是先想办法把错误行为的影响降到最低。

事件：意大利奢侈品牌 Dolce&Gabbana（杜嘉班纳）创始人在网上的一段辱华言论引起中国网友愤怒，D&G 在微博发表了如下声明："Dolce&Gabbana 的官方 Instagram 账号和设计师斯蒂芬诺·嘉班纳（Stefano Gabbana）的 Instagram 账号被盗，我们已经立即通过法律途径解决。我们为这些不实言论给中国和中国人民造成的影响和伤害道歉。我们对中国和中国文化始终一贯的热爱与尊重"。由于以盗号为名推脱、洗白的事件常有发生，公众对其反应反而更加愤怒。即使过几天 D&G 真的公布了证据，确实是创始人的 Instagram 账号被盗，但其对品牌的负面影响已经形成。

反思：在危机发生时，公众往往对当事部门缺乏信任，先入为主地认为在其趋利避害的本性下，必然缺乏担当。如果处理不当，往往会引起公众的不满，这种不满有损机构的竞争力、凝聚力以及员工的认同感，增加其形象宣传的成本。而与上述事件形成鲜明对比的是 2017 年海底捞火锅遭遇食品安全舆论危机时，以三封极富担当意识的公开信获得公众的认可与支持。对此，本书在第四章和第五章将有详细分析。

3. 不当处置之三：皮球策略

所谓"皮球策略"，就是出现舆情危机时，涉事部门选择远离是非，推卸责任，试图将舆情抵挡在门外。

事件：2017 年，央视 3·15 晚会上，曝光无印良品等企业在中国公然售卖核污染区生产的食品，涉嫌商家达 1.3 万家，包括多个知名品牌。节目一经播出，引发中国消费者对无印良品等多个品牌的负面情绪，根据当时相关市场调查结果显示，负面评价占比达 43.24%，而满意、好感等正面评价迅速下跌，幅度一度超过 20%。对此，无印良品直接在微博发布声明，声明公司从未进口及销售任何中国政府明令禁止的日本核污染影响区域的食品。除了官微发出声明外，还晒出了正式的声明函，和中华人民共和国出口产品原产地证件，以及中华人民共和国出入境检验检疫处颁发的入境货物检验检疫证明，以证明自身不存在这种问题，但公众对其质疑仍然无法完全消除。

反思：在处理危机中态度第一重要，务必要让社会公众感受到当事人的坦诚。而无印良品的做法，显然态度不端正，特别是对"央视3·15晚会"这种带有官方性质的曝光权威度，缺乏必要认知。如果确实曝光有误，无印良品也应该采取司法诉讼的途径，而非在官微进行抵抗和推诿。

4. 不当处置之四：讨伐策略

所谓"讨伐策略"，就是当情况糟糕到缺少回旋之地时，涉事部门对批评者发动全面攻势。

事件：2018年5月，一些媒体把两年前关于国际5G标准投票，某知名品牌没有站在华为一边的事情翻出来，知乎上一篇《××，你也配自称"民族企业"》在网上成为讨伐该品牌，公众狂欢的旗帜。该品牌创始人5月16日发表《行动起来，誓死打赢××荣誉保卫战！》，情绪和用词特别激烈，"今天我们不能允许有人朝我们泼脏水，甚至冠以'卖国'的帽子……""兄弟姐妹们，到了我们挺身站出来的时候了，朗朗乾坤，如果几万名员工都不能让正气自保，我们还办什么企业，我们就是一群窝囊废！××的干部要积极行动起来，全体同仁要积极献计献策，万众一心，同仇敌忾，誓死打赢这场××荣誉保卫战！"而这家企业下属的所有公众号也都转发了这篇文章，纷纷表示支持。但很多人其实并不知道该创始人的文章针对的是谁和为什么问题而发，看见的只是"以情绪对抗情绪"，可想而知会有怎样的反击效果。

反思：在新媒体时代，利用微信、微博、网上论坛等新媒体，确实可以弥补传统媒体"时间与空间有限"的缺陷，及时处置舆情危机。但舆情处理并非只是人多势众就能解决的，首先需要澄清事实、讲明道理，尤其忌讳情绪化的传播。

二、仔细研究成功案例

移动互联时代，数字技术和网络技术快速发展，网络舆情管理带来巨大挑战，需要技术的支撑来有效应对。用互联网的手段搜集、整理全媒体时代的舆情案例，模拟分析应对策略，也是积累经验的重要途径。

1. 树立"服务增值"理念，积极响应公众关注

事件：2013 年起，为了打消公众对核电安全的疑虑，中广核通过微博、微信等渠道邀请普通网友走进大亚湾等核电基地，让他们通过亲眼观察、实地测量，感受核电安全。对此，公众响应积极。据报道，有网友从吉林坐 54 小时硬座火车，只为一睹核电站真容。这些参观完核电站的网友、游客，大多已成为中国核电安全的义务讲解员。

另外，中广核把大亚湾开工纪念日确定为全集团核电站的"8·7公众开放体验日"。平时，15 人以上组团可报名参观其下属核电站。中广核还与果壳网联合建立了"核里的宇宙"网络科普专区，年平均访问量超过 100万人次。

反思：畅通公众意见传播渠道，对公众持坦诚面对的态度，积极回应公众顾虑，是舆情管理中主动设置议题的重要内容。一方面，在舆情引导中，对相关媒体的关注更应秉持开放、谨慎、引导的态度。相关当事部门应以勤勉姿态，主动接受质询，沉稳面对舆论危机，抛弃"捂、堵、躲"的危机处理思路，努力谋求议题引导与公众关注的一致，相关信息的及时、平等分享，实现在危机处理和问题回应中完成机构的形象塑造和相关政策宣传目的。

另一方面，舆情重点单位也应该尊重公众的知情权，将其作为舆论主体，引导其平时就积极参与到相关知情活动中来。从法理上说，国家是全民所有，税务部门也是为人民服务的，除了涉密内容，公众理应对其拥有知情权；从情理上讲，开放沟通、公开透明有利于消除误解，增进共识。道理并不复杂，为什么有些单位和部门面对舆情，还是愿意捂着盖着？"非不为也，实不能也"。是否有实力应对"阳光普照"，也是开放与法治理念贯彻的重要指标。

2.突出"用户思维"意识，有效引导舆论走向

事件：2018年12月22日凌晨3：56，人民日报客户端发出一条关于某知名企业家的新闻"刘某某无罪！美国检方决定不予起诉"。当日凌晨4：30，人民日报微信公众号发出同样标题和内容的消息。人民日报发布这一消息的时间，略晚于纽约时报、ABC新闻等美国媒体。这一新闻的核心内容是"美国检方决定不起诉刘某某"，国际媒体均以此为标题和主题报道。中国多数主流媒体则均以"刘某某无罪"为主题词。随后，"刘某某无罪"迅速成为网络搜索关键词，再加上该企业马上发起的一波公关动作：简洁的公司声明、信息略多的律师声明、署名的外国知名律师对事件的详细解释和刘某某的道歉信，整个网络舆论开始向有利于刘某某的一面转向。

反思：在危机中，除了态度诚恳，要主动承担责任之外，同样重要的是选择向谁发布声明，回应谁的关注。考虑到发布声明的对象，就是一种用户思维。特别在互联网时代，这种思维尤其重要。舆情危机管理的决策者要能够站在用户角度，使用他们能够、愿意且乐于接受的话语。这家企业的四份声明从不同的角度，以各自声明主体的身份发布相关信息，尤其刘某某本人的声明，强调对自身行为的反思，对家庭、公司造成负面影响的悔悟，并强调了以后的行为约束以及责任担当，非常吻合受众对知名企业家与其一贯"好男人"人设的预构，再配合主流媒体的报道，有效地扭转了舆情的趋向。可以说，这次舆情处理是巧妙地融合传统手法和新媒体手法，融合主流媒体的权威声音与企业有针对性的声明而取得的一次成功，二者分别切中了不同群体的用户，均收到了较好的效果。

3.紧扣"扬正增值"主题，积极维护自身形象

事件：2018年5月，雷军写了一封《小米是谁，小米为什么而奋斗》的公开信，在公开信中，雷军明确提出小米的发展目标："最大的平等，莫过于日常生活体验的平等：让所有人，不论他/她是什么肤色、什么信仰，来自什么地方，受过什么教育，都能一样轻松享受科技带来的美好生活。"这种亲民的话语，将小米"感动人心、价格厚道"的价值观和精神信条彰显得淋漓尽致。雷军的公开信引起了很多企业家回应，一时兴起《××是谁，×× 为什么而奋斗》。真格基金创始人徐小平的《徐小平回复雷军：真格

是谁，真格为什么而奋斗》，复兴集团董事长郭广昌的《郭广昌回复雷军：复兴是谁，复兴为什么而奋斗》等，以真心讲述初心，营造了良好的公共关系。

反思：面向公众的正能量信息传播是机构价值保值、增值的核心动力。在全媒体时代，任何部门，其形象管理中都应融入"互联网＋"思维，以亲民的正能量传播，用切近网民的语言和手段，积极构建核心传播理念体系。加强正面信息的传播规模，尤其是可以体现机构特色和价值导向的信息，是公共部门价值增值的有效途径。

4. 借助"时代主流"趋势，巧妙构造正面形象

事件：建筑工地漫天扬尘，建筑工人肩抬背扛，是一般人对建筑行业的传统印象。但是在"首都国企开放日"当天，200多名市民在中建二局北京分公司丽泽金融商务区项目部有了不一样的印象。在这里，一旦PM2.5指标超过100微克每立方米，分布在厂区各处的喷淋系统就会自动启动；为了避免现场多个塔吊之间互相碰撞，该项目联合一家软件公司开发了一套监控系统，一旦塔吊之间距离过近就会提醒甚至断电……有市民表示，如果不是亲眼看到，真想象不到中国建筑企业的绿色、安全生产已经达到如此智能化的水平。

反思：随着改革进入深水区，政府相关部门正处在提质增效的关键节点，挑战重重，困难多多，而此时公众的理解支持显得尤为重要。如何让公众对机构部门有足够的理解和善意，就需要积极创造开放语境，借助公众关心的时代议题，彰显机构的正面形象。中建二局就公众关心的智能化水平问题，结合建筑部门面临的空气污染等现实情境，积极创造出对外开放的空间和理由，吸引媒体、公众走进机构，就是一条有效的路子。一旦相关部门展现出足够的沟通诚意，公众也会积极回应，并在深入了解的过程中，建立起基于现实的全新认知。

三、双向研判形成对比

全媒体时代，从"人即是媒体"走向"物皆媒体"，利用全媒体平台传播税务部门的品牌形象，实现形象提升，是当前税务部门的时代课题，其复杂性前所未有。以"亲民"为例，部门领导人放下架子，展现平实的一面，本是一条通则。但在全媒体时代，如果稍有不当，其放大效应瞬间可能造成巨大的负面影响。

1. 大佬也是普通人

事件：2016 年 4 月，中石化微信公众号发出了一张照片：董事长王玉普和总裁李春光坐在高铁上打盹。这让习惯了央企领导西装笔挺精神抖擞形象的公众眼前一亮，继而会心一笑：原来央企大佬也是普通人。一时间，这张照片在网上获得大量转载和点赞。中石化成功完成了一次低成本、接地气的形象传播——熟悉国企的人会知道，如果没有王玉普、李春光本人的默许，这显然是不可能的。

反思：凡事预则立，不预则废。政府机关和企事业单位面对新变化、新问题、新机遇时，要有充分的自我呈现机制，特别是公众能见度较低的税务部门，更需要社会各界对其具有深厚的情感认同，维护自身形象。而中石化的这一正面议题设置，就是领导人亲民形象的成功展示，有效地树立了中石化的正面形象，不但增强了社会对中石化的友好认知，也使机构内部有了一次增强向心力的机会。

2. 大佬不是普通人

事件：2018 年 11 月 18 日，国内某知名英语教育机构创始人在一次大会上提出，"现在中国是因为女性堕落导致整个国家堕落"，此言论一出，立刻引发网络热议。很快，该企业家本人就相关言论在其微博上表达歉意，称"今天我在某个论坛上阐释'衡量评价的方向决定了教育的方向'这一论点时，用了女人找男人的标准做例子，由于没有表达好，引起了广大网友的误解，在此深表歉意"。其道歉并没有平息众怒，此前其一些敏感言论也再度被翻出，而网友仍多指责他歧视、不尊重女性，甚至也是歧视男性。《光明日报》发表了一篇评论文章，严肃批评这位知名人士歧视女性的言论。全国妇联、北京妇联也对其言论进行了严厉的批驳，导致企业遭遇危机。

反思：这位知名人士制造了该企业成长史上最高影响力的"公关危机"，原因在于他太把自己当成一个普通人了。作为一名公众人物，其价值观一般都具有相当大的影响力，不能像普通人一般"随口说说而已"。而在其微博上"没有表达好"的"道歉"，更只是停留在把自己当成一个"不太会说话"的普通人层面，而没有意识到自身"不是普通人"的一面。因此，部门领导人的"亲民"表现，一定要拿捏好分寸，避免过度自由而导致的负面影响。

第四章

综合施策塑形象

2013 年，在第 13 届中国网络媒体论坛上，国家互联网信息办公室提出了"六个目标"——建设为民的网络空间、文明的网络空间、诚信的网络空间、法治的网络空间、安全的网络空间、创新的网络空间，要求主流新闻网站和重点新闻网站担起净化网络空间的重任。针对舆情管理，国家网信办进一步归纳和提出基础目标、阶段目标、终极目标，简称"三个目标"。"基础目标"是指立破并举，端正舆论导向；"阶段目标"是指要传播正能量，打造清朗空间；"终极目标"是要发挥凝聚共识，推动形成"同心圆"的重要作用。

实现这些目标，首先要"立"，然后有"论"。具体到税务方面，就是首先要树立税务部门的正面形象，然后由这个正面形象开始说税，讲好税收故事，构筑税事同心圆。

第一节　形象评估找定位

在传播学理论中，形象是信息传递过程的产物，一个人或事物的形象，就是关于其的各种信息在输出与接收的相互作用下而形成的，而且一旦形成，往往起到先入为主的作用，在很大程度上决定了受众对其的看法。

广义上，形象可以有以下三种：第一种是自我形象，指的是真实的形象；第二种是媒体形象，指的是在公共舆论场内容发布者眼中的形象，可能是对真实形象的美化，也可能是丑化；第三种是社会形象，就是社会的独立判断，也就是公众认为的形象。

这三种形象既相互联系，又互相影响。真实形象是客观事物的物质反映，是另外两种形象的基础；媒体形象是对真实形象的传播，包括主动的，也包括被动的，而形象在传播的过程中是有可能失真的；社会形象则是公众通过接受形象传播，结合自身体验最终在其认知中所形成的一种形象。

宣传工作的目标，就是通过有效沟通，实现三种形象的高度统一，确保媒体印象和社会形象客观真实地反映自我形象。

一、权威媒体的形象塑造

2016 年 2 月 19 日，习近平总书记到人民日报社、新华社、中央电视台考察，主持召开党的新闻舆论工作座谈会并发表重要讲话。传统的三大国家媒体驶入了向网络进军乃至网媒融合的快车道。

截至 2019 年 9 月底，《人民日报》在新浪的实名认证微博粉丝数量已经达到 9586 万，与此同时，《人民日报》纸质报纸的发行量约为 330 万份。也就是说，通过网络版，《人民日报》聚集了比原纸媒多了 28 倍的关注！

新华社在微信客户端的表现也可圈可点。2019 年 1 月 2 日，新华社专门发了一篇微信稿，公布其微信公众号已经聚集了 2000 万粉丝的关注。从这篇微信文章下的留言可以看出，新华社不再是高高在上的、严肃发表重要讲话、公布重大决定的权威媒体，而是贴近群众生活、与普通大众打成一片的"朋友"。新华社微信公众号的成功秘诀在于其放下了"官媒"权威的架子，与网友平等对话。比如，2017 年 6 月 21 日，新华社微信公众号权威发布《刚刚，沙特王储被废了》，引发广泛关注。这篇新闻稿用言简意赅和通俗易懂的话语交代了重要新闻，而且在精选留言中表示，即使只有 9 个字，还是用了 4 个编辑：王朝负责"刚刚"，关开亮负责"被废"，陈子夏负责"沙特王储",刘洪负责"了"。跟帖网友纷纷表示"新华社原来不是冷冰冰的"。自此,"刚刚体"在网媒圈彻底走红。

《人民日报》、新华社这样一贯严肃、严谨的官方权威媒体,都能重塑一个亲民、接地气的形象,赢得千万网络粉丝的心,提倡"纳税服务""便民办税"的税务部门更应尽量朝这个方向努力。

二、基层税务部门形象塑造中存在的问题

税务部门的媒体形象和社会形象与其真实形象存在较大差异,近年来,税务干部参与了多轮税制改革,经历了机构改革,付出很多,但得到的网络形象却并不匹配。从税务部门新闻宣传和舆论引导的角度看,过去很长一段时间,特别是税务总局税收宣传中心成立以前,各省市县级税务部门宣传工作长期缺乏统一指导,各自为战,不仅难以形成合力,在某种程度上还存在一定缺陷和明显不足。

1.基层税收宣传在一定程度上存在"四个不适应"的问题

一是不适应税收改革的要求。近年来,税务部门和税收制度经历了各种变革:增值税、个人所得税变革;国税地税机构改革、征管体制改革等。税收制度和征管改革任务日益繁重,税收法定、增值税立法、房产税出台等"硬骨头"还在路上。随着改革的推进,必将触动部分群体的利益,必然引发舆论关注,这就对涉税舆论的引导和舆情危机防范提出了更高的要求。

二是不适应税收社会宣传的任务。随着社会公众法治意识和维权意识的不断增强,公众对社会管理的参与度显著提高,"税感强烈"已经成为当今社会的一个显著特征。而与此同时,让社会公众全面了解税收法律法规和政策,接受和配合税务部门依法征管的要求,认同纳税服务的便捷创新,在社会宣传方面还有很多工作有待开展。

三是不适应舆论生态复杂的压力。由新媒体引发的涉税舆情呈多发高发态势,商业媒体出于利益考虑也热衷炒作税收热点,特别是媒体格局、舆论生态发生了巨大的变化,传统媒体影响减弱,市场化媒体和新媒体影响加大,税务部门打通并利用好官方和民间"两个舆论场"的能力还不强。

比如 2018 年范姓女星税案处于舆论高位时还有个别地区公布纳税百强，公开明星工作室纳税情况，引发新一轮关注。

四是不适应税务人员思想教育引导的难度。当前，随着经济社会快速发展，社会思想深刻变化，各种价值观相互交织、相互影响，少数税务干部思想出现波动，引导干部牢记初心，摆脱诱惑成为当前干部队伍建设的重大课题。比如，在知乎等深度交流平台，就有许多税务干部发展多元的工作认识，引发网友关注和讨论。

2. 基层税收宣传在一定程度上存在"三个脱节"的问题

一是宣传着力点和受众兴趣点脱节。目前，税收宣传主要是对税收政策的理性介绍，而公众舆论、专家评述、传媒发声主要是对政策效应的感性表达。比如营改增宣传的重点在政策落实、取得成效等宏观方面，机构改革的宣传重点在于理顺体制、压缩机构等方面。而社会舆论兴趣点却大都聚焦于极小部分税负增加企业和部分负面事件等微观的个体或细节层面。

二是多部门多层级联动和单部门应对脱节。做好正面宣传和负面舆情应对，需要多个部门、多个层级信息共享与互动，通力配合。舆情处置不仅需要职能部门全力救火，还需要宣传部门通力配合，提供后援；不仅需要事发地和事发部门妥善处置，更需要上级指导、同级部门提供支援，多层级配合。而目前来看，涉税舆情的处理，还存在"单兵作战"情况，缺少协同，处理结果则很难令人满意。

三是传统宣传方式和融媒体发展脱节。当前宣传主要依靠传统媒介，但是从一些好的宣传案例来看，借助艺术手段的植入式传播等新媒体形态，显得更加高效。一部好的影视作品抵过千千万万个新闻稿件，如最高检制作的《人民的名义》，原国家卫计委制作的《心术》《外科风云》，都很好地展现了本单位、本部门、本战线的光辉形象。因此，唯有加快与新兴媒体的融合发展，才能迅速占领新兴舆论阵地。

近两年，在税务总局税收宣传中心的统一安排和协调下，全国税务部门的宣传工作形成了快节奏、接地气、打连发的良好态势，在很大程度上推动了税务部门形象的好转，为下一步形象重塑打下了良好的基础。

三、税务部门的真实形象

2015 年 12 月，中共中央办公厅、国务院办公厅印发的《深化国税、地税征管体制改革方案》指出："进一步增强税收在国家治理中的基础性、支柱性、保障性作用。"发挥"基础性、支柱性、保障性"作用，这就是党中央、国务院对税务部门和税务人的定位。这种作用通过以下几个途径来实现：

1. 依法治税

一是为国聚财，为民收税。这是税务部门和税务干部的神圣使命。自中华人民共和国成立以来，税收为国防、教育、医疗等公共支出提供了最有力的保障。国家公共支出离不开税收的大力支持。据统计，中国财政收入的 80% 左右来自税收。每一位公民，从出生到生命结束，都离不开税收。公民出生享受了国家的医疗保障服务；九年义务教育享受的是国家教育服务；便利出行享受的是国家交通设施服务；安稳工作享受的是国家国防服务；退休金享受的是国家养老服务……

二是不折不扣落实税收优惠政策。2019 年 2 月，国务院副总理韩正在国家税务总局调研时指出，税务部门是实施宏观经济政策和服务微观经济运行的重要结合点，具有连接两头的关键作用。发挥税收对经济的调节作用，改革开放初期对外商企业实施税收优惠吸引外资，近年对小微企业、高新技术企业精准减税激发大众创业、万众创新。每一次税收政策的调整，哪怕是"微调"，对于税务部门和税务干部来说，都意味着一次"流程再造"，需要付出极大的努力。

2019 年小微企业普惠性税收减免政策追溯到 2019 年 1 月 1 日，导致全国税务部门需要给很多小微企业退还已缴纳的税款，甚至有企业只涉及退还几角几分钱。全国税务干部按照中央政策精神，不折不扣落实到位，即使被纳税人投诉"电话骚扰""骗子"，仍然兢兢业业做好退税工作，据了解，仅浙江就为 51 万户纳税人退税 2.1 亿元。

三是打击涉税违法犯罪，维护公平正义的市场秩序。为了维护国家税收权益，税务部门联合公安、海关等部门，依法打击涉税违法犯罪，开展国际范围的反避税调查，建设全国性的发票联网信息系统，维护了良好的经济社会发展秩序。

2. 便民办税

以纳税人为中心，坚持执法为民，深入开展便民办税春风行动，为纳税人提供更加优质高效的服务，不断减轻纳税人办税负担，切实维护纳税人合法权益，让纳税人和人民群众有更多获得感。

一是精简涉税资料。优化信息系统，实施"免填单"服务，精简涉税资料报送，分步深入实施清理税务证明事项。

二是节约纳税人办税时间。深入推进"最多跑一次"，让数据多跑网路，群众少跑马路。足不出户即可完成申报、领票、享受优惠等日常业务。推行纳税人"承诺制"容缺办理和纳税申报"提醒纠错制"。提供线上、线下多渠道缴纳税费服务。

三是节约纳税人资金成本。不断加快出口退税办理速度，推动退税申请、退税审核、退库业务实现全流程网上办理，确保审核办理正常出口退税的平均时间在 10 个工作日以内。

3. 协同共治

以营造良好税收工作环境为重点，统筹税务部门与涉税各方力量，构建税收共治格局，形成全社会协税护税、综合治税的强大合力优化营商环境。

一是发挥纳税信用增值效用。深化"线上银税互动"合作机制，推动税务、银行信息互通，鼓励和推动银行依托纳税信用创新信贷产品，帮助小微企业缓解融资难题。

二是积极参与国家信用体系建设，联合 20 多个部门共同开展税收违法共同惩治，对违法纳税人实施"黑名单"管理。

自 2014 年 10 月—2019 年 6 月，税收违法"黑名单"已累计公布 2.39 万件案件，推送多部门联合惩戒超 31 万户次，发挥了在诚信社会建设中的重要作用。

四、学习借鉴公安和卫生系统的形象塑造举措经验

在很长一段时间内，公安民警、医生是网络"黑五类"的典型代表，在网络上的公信力几近于零。警民纠纷、医患纠纷屡见不鲜，甚至发生暴

力冲突引发网络集体"口诛笔伐"。

但近几年来，在日常的新闻头条中，可以直观感觉到，讲述医护人员、普通民警的故事多起来了，不少新闻直接选取了医护人员在手术室"累瘫"、民警在办公室累趴的工作照，正面宣扬了这两个职业对社会的贡献和辛勤指数。

梳理近些年公安系统和卫生系统的形象塑造工作，从中可以发现几个明显特征：

1. 前期网络形象与现实形象差异巨大

客观地说，即使如部分网帖所"控诉"的那样，公安和卫生系统有极少数"害群之马"，但是这两个职业之高尚是不容置疑的。特别是公安民警这个职业，在维护社会公共治安的同时，具有高度的危险性，完全不应该"收获"网络"黑五类"的地位。但是，这一度就是实实在在的网络形象定位。

2. 通过多方努力重塑形象

公安和卫生系统在形象重塑的过程中，动员多方力量，采用与全媒体相吻合的宣传策略，取得了明显的效果。

一是凝聚强烈的职业认同。在从业人员中形成高度共识的"职业荣誉感"，以集体的力量，与抹黑这种荣誉的力量抗争。比如各地自发形成的"维权团体"等。

二是行业大 V 引领形象重塑。行业大 V 在舆情事件发生后，能从专业的角度分析和还原事实真相，主动公布他们所掌握的事实真相，以正视听，或者引导舆论，起到事半功倍的效果。

三是善用细节打动网友。用真实的案例、生动的故事描述行业从业者的艰辛和不易，尤其注重细节真实。比如《急诊室故事》，采取了对上海市第六人民医院多机位 7 × 24 小时实拍的形式，真实展现急诊室发生的一切，有效地树立了"生命有痛，有你真好"的主导思想，赞颂生命的力量与尊严，传递社会正能量。

四是以退为进反向引导。这是一种宣传策略，先假设一种网友期望的极端情况成立，以此为背景条件，说明负面情况可能带来的危害，从而突出正面情况的价值和意义，循循善诱，用迂回的方式接近核心。用"反向思考""顺其自然"等方法柔和地展露锋芒，从反向角度入手突出正向观点的价值和意义，使观点易被读者接受。

2016 年 11 月 25 日，"平安温州"微信公众号发布"如果没有警察，世界会不会更好？"的文章，以 10 幅手绘漫画的形式（见下图），描绘了没有警察之后的 7 天生活，层层深入。每一天选取的都是小的切入点，从 110 忙音、早晚高峰到暴力恐慌、全城宵禁，让人深刻感知如果没有警察，社会秩序将会进入混乱局面，从而促使网友深刻反思并正确认知警察工作对于维持社会稳定和健康发展的重大意义。该案例通过假设"没有警察"这一前提，退一步思考，反向引导和总结，让读者在阅读时深入思考警察在人们日常生活中的重要地位，立题新颖，很好地回应了社会上对于警察的质疑、批判等声音，激发了关于警察对社会安全重要性的思考。

图 4-1 "如果没有警察，世界会不会更好？"漫画

公安、卫生系统形象重塑经验，值得税务系统和税务干部认真揣摩和细心体会，从中汲取有益的经验，并应用到自身实践中。

第二节　政务公开有章法

习近平总书记在多个场合反复强调，领导干部要增强同媒体打交道的能力。要善于运用媒体宣讲政策主张、了解社情民意、发现矛盾问题、引导社会情绪、动员人民群众、推动实际工作。尤其在关键时刻，各级党委和政府要担当好及时发声的责任，在出现负面事件时更不能哑然失语，而要早说、主动说。

2016 年 2 月，中共中央办公厅、国务院办公厅印发《关于全面推进政务公开工作的意见》，强调公开透明是法治政府的基本特征，要求全面推进政务公开，让权力在阳光下运行，对于发展社会主义民主政治，提升国家治理能力，增强政府公信力、执行力，保障人民群众知情权、参与权、表达权、监督权具有重要意义。

一、提高发布层级

《关于全面推进政务公开工作的意见》明确提出，领导干部要带头宣讲政策，特别是遇有重大突发事件、重要社会关切等，主要负责人要带头接受媒体采访，表明立场态度，发出权威声音，当好"第一新闻发言人"。

2015 年 8 月 12 日，位于某地开发区的一国际物流有限公司所属危险品仓库发生爆炸。为回应公众关切，地方有关部门在 4 天内（8 月 16 日前）举办了 6 场发布会，表现出"负责任"的态度，但是效果却不好，甚至收获多方"差评"。主要原因之一就是发布层级不够，提供的信息不完整。6 次发布会中，级别最高的"官员"是市委宣传部副部长兼市政府新闻办主任，没有分管市领导到会说明情况，更见不到市长或市委书记等行政主官。在多次发布会的记者提问环节，新闻发言人以"我不清楚，需要问一下同事""我不知道""我不掌握"等无效信息来回应质疑。甚至在 8 月 16 日的第六次新闻发布会上，有记者提问谁负责统筹指挥救援，现场发布人员回应"将尽快了解情况"。这种无效的信息发布引爆舆论批评，导致次生舆情，损害了地方政府的公信力。

在每年两会的"部长通道"上，国家税务总局局长都会代表税务部门接受记者采访，回应社会关切。2019 年 3 月 12 日，王军局长在"部长通道"详解减税降费、机构改革、个人所得税改革三个重要问题，取得了非常好的发布效果。

目前，国家税务总局已经建立了新闻发布会制度，每个季度发布重要税收信息。各省税务部门也逐步试水重要活动新闻发布，都取得了较好的效果。

二、遵循发布原则

按照"快讲事实、重讲态度、慎讲原因、多讲措施"的原则发布消息。

一是快讲事实，要尽快发布权威事实情况，包括热点事件的时间、地点、基本情况等，图文视频等多重资料结合，最大限度压缩谣言的生存和传播空间。

2017 年 8 月，知名餐饮企业海底捞被卧底记者爆料，实拍到卫生隐患，包括后厨存在老鼠乱窜、打扫卫生的簸箕和餐具同池混洗、用顾客使用的火锅漏勺掏下水道等问题。一时间网络关注度暴涨，消费者口碑急转直下。生死关口，海底捞临危不乱，三封公开信成功应对舆情危机，堪称舆情应对信息发布典范。

8 月 25 日 14:46，舆情发生四小时内，海底捞发布第一封《致歉信》，表示"媒体披露的问题属实"，我们感到"非常难过和痛心""十分愧疚和自责""感谢媒体和顾客帮助我们发现了这些问题""愿承担相应的经济责任和法律责任""布置所有门店进行整改""希望所有媒体和支持海底捞的顾客监督我们的工作"。

8月25日17：16，海底捞发布《事件处理通报》，公布了7条措施：其中5条具体整改措施均由一位公司高管挂帅，责任到人，并且邀请媒体和第三方监督；其中1条专门点出"涉事门店的员工无须恐慌"，问题归责于公司董事会。

8月27日，海底捞发布《声明》，表示"一并虚心接受"管理方、媒体和社会公众提出的问题和建议，同时"梳理管理体系""把整改措施落实到位""将整改效果透明化、公开化""实现后厨操作可视化，接受媒体和广大消费者对我们的社会监督"。

三封"鸡毛信"，迅速扭转舆论场正负能量对比态势，甚至成为"上午沦陷，下午逆袭"的典型舆论危机处置案例。认真分析这三封公开信，可以发现其中的逻辑：第一封《致歉信》重讲事实，承认错误；态度诚恳，表示十分痛心并愿意承担责任。第二封《事件处理通报》公布详细整改措施，针对性解决海底捞所有门店的卫生问题，并邀请第三方监督，每条都落实一位高管负责；更有点睛之笔——表示问题归责于公司董事会，要求涉事员工无须恐慌。这比当前许多陷入危机的单位急于撇清关系、处理内部员工、"剜肉刮骨疗毒"之法高明了太多，几乎一招奠定海底捞"良心企业"之美誉。第三封《声明》表示要落实整改措施，公布长期的整改目标是实现后厨操作可视化，接受媒体和广大消费者的社会监督。

三封公开信层层递进，展现了一个负责任的企业面对卫生安全问题的态度和担当，无怪乎网友强烈认同。

二是重讲态度，就是要体现社会人文关怀，建立与社会公众同样的"向上、向善、向好"的心理起点，使社会公众的心理天平能向新闻发布者倾斜。

三是多讲措施，这包括前期已有的处置措施及下一步举措，特别要指出这些措施针对性地可以解决哪些问题，回答公众关切的问题。

四是慎讲原因。原因等内容往往涉及主观、客观等多重因素。而如果过分强调客观方面的因素，往往容易引发公众舆论"反弹"；如果过分强调主观因素，又可能引发公众新一轮对启动问责程序的舆情。

三、规范发布流程

重大涉税舆情，往往涉及复杂的事件发生原因和多层级的处置安排，其信息需要配合处置进程，多层级多频次予以发布，其中也有一定的节奏要求和规律可循。

第一时间表态。表态要按照事实判断（还原事件真相）、价值判断（做对了还是做错了）、导控判断（一把手发言，一语定乾坤）程序依次推进。

> 2016年12月，中关村二小的一位学生家长在网络发文称"子女在学校受到欺凌"，引发舆论关注。而身披"名校光环"的中关村二小舆情回应官腔十足，官方声明中"针对近期网络上出现的关于我校以及相关事件的不实言论，将保留通过法律途径追究相关主体责任的权利"等用语，无异于向网民发起赤裸裸的威胁，触犯了网络众怒。官方声明通篇只有所谓的"调查结论"和"敌对态度"，既没有对该事件核心事实的说明，也没有关于学校如何"客观、公正处理"的论证，难以取信于公众，导致舆情恶化。

第二时间发布。做到时间不停、信息不止，不停更新状态，让流言没有生存空间。

第三时间分析解读。解读的宗旨是法律至上、生命至尊、公正在先、道义至高、科学为据。解读要客观分析舆情事件暴露的工作缺陷、深层次原因等。

第四时间讲举措。说得好更要做得好，现场和后续处置措施一定要跟上。讲举措切忌假大空，措施要落到实处，不仅要拿出具体办法，还要有针对性，针对舆情暴露的问题，明确责任单位和责任人，确保落实到位。

第五时间引导。把因舆情引发的社会情绪从悲壮引向希望，把舆情危机导向发展机遇，重新建构话语权，走向正能量。

2015 年 6 月 1 日，"东方之星"号客轮翻沉事件发生后，第一时间组织由国务院前方指挥部新闻中心主导，交通、民政、军队、武警、公安、消防、气象、海事、航道、船舶制造和湖北省、监利县等 10 多个方面的 57 位负责同志、专家、救援人员密切配合的政府公开机制。在事件发生 14 天内，组织召开了 15 场新闻发布会，紧紧围绕现场搜救和善后工作进程、记者关注点、家属诉求和公众关切、网上重要舆情等设置发布内容，成为中外媒体获取权威信息的主要来源，让网络传言和流言没有生存空间。

同时，精心设置议程。在 72 小时"黄金救援期"，主要发布在党和国家的帮助下，全力救援的情况，并重点报道了海军工程大学 24 岁潜水员官东营救幸存者的场景，还有"逃跑新郎""亲兄弟一样的乡镇书记""痛风局长""用自己体温软化遗体的入殓师"等许许多多救援一线典型人物的感人事迹；按照传统文化习俗，主动开展"祭头七"，由中央电视台、湖北卫视、湖北经视等电视媒体进行直播，并且中央电视台、湖北卫视及相关省市电视台调整、撤播娱乐节目，加浓"头七"的祭悼氛围。善后处置阶段，组织媒体精心报道 DNA 比对、殡仪服务、最后告别、遗物认领、开通"绿色通道"送亲人"回家"等充满人性关怀的种种细节；善后工作结束后，深入挖掘"东方之星"救援处置的时代背景和精神原因，《湖北日报》撰写并刊发了《江难无情　大爱如岳》《魂归故里　善举奇迹》《深创巨痛　爱的升华》等三篇长篇综述，既深度挖掘了监利"小城大爱"的感人故事，更充分彰显了社会主义制度的强大优越性。

第三节　遵从网络传播规律

许多从事宣传的干部在体制内熏陶多年，稿件中普遍存在语言僵化、不够生动、不接地气、不吸引眼球等缺点。这种稿子符合公文流程和要求，却不适应各种新媒体形式，往往在吸引公众注意力和认同感方面的激烈竞争中败下阵来，甚至因为说教的口吻导致网民的反感和谩骂。这种情况的产生，就是对网络传播规律了解不够所致。

一、网络新闻宣传的表达方式

网络新媒体的出现拓宽了信息的呈现和表达形式，网络新闻宣传的表现形式因此更加多元。不仅有文字、图片，还有音频、动图、游戏等。

1. 文字类表达形式

文字类表达是最常见的新闻传播方式。当前，媒体融合在加速，很多传统媒体也开设了网络版，最便捷的方式就是把纸媒的内容直接平移到网络上。

除了主体新闻之外，高质量的网络评论也逐渐成为一种舆论力量，它具有较强的专业性、时效性。在面临重大事件或议题、敏感问题以及谣言或舆情危机时，500—1500字的网络长评往往能发挥引导舆论、引发理性思考的作用；而500字以下的短评则通常具有发布速度和传播速度更快，更符合网络传播"短、平、快"的特点；还有几句话的即时评论，即时性和互动性极强，是网民参与网络评论的重要方式。即时回应，互动性强，语句和观点呈现碎片化，感性化与情绪化并存，阶段爆发，快速发酵是其鲜明的特点。

2. 图片类表达形式

新闻图片，常配合文字被用于网络新闻中，以进行补充说明。随着"快读时代""读图时代"的到来，图片被越来越多地应用于网络新闻传播。如光明网《光明时评》的《漫画天下》栏目，就以"漫画＋短评"的形式来进行网络传播，观点鲜明，生动形象，寓庄于谐。

2016年7月12日，"菲律宾南海仲裁案"作出非法裁决，为第一时间表达中国态度、阐明中国立场、引导中国情感，人民日报新媒体中心策划推出"中国一点都不能少"报道主题，策划推出图片、H5动图、海报、文章、视频、九宫格图解等多种形式的报道。其中，图片在微博发布后，收获点击量312.1万，点赞量132万，评论19万条，转发 528 万, 24 小时微博话题阅读量超过了 27 亿, 创了微博传播市场的纪录。作品获得第二十七届中国新闻奖一等奖。

在其后的多次涉及主权、领土、国家的重大问题中, 这张图片也被广泛运用。比如 2018 年 12 月, 针对第 55 届台湾金马奖颁奖晚上会上台湾某女导演歪曲事实的言论, 广大网友以此图有力反击。

3. 音视频类表达形式

音视频类表达形式可以分为歌曲、动画、短视频、专题片和网络直播等。如歌曲《做人别太 CNN》、历史普及漫画《那年那兔那些事儿》、短视频《红色气质》、大型反腐专题片《永远在路上》等都获得了显著的传播效果。近年来, 伴随着网络直播的兴起, 利用网络直播展示观点也正在成为评论员和网民们进行网络评论的重要方式。

2018 年适逢国税地税征管体制改革, 国税地税分离 20 多年再次合并, 各级税务部门制作了多款宣传视频, 取得了良好效果。如福建省税务部门制作《铜盘路 36 号》音乐视频, 就取得了非常好的宣传效果。

4. 其他网络表达形式

互联网的传播特点和不断发展的传播技术, 带来了网络传播的创新和发展。如 H5、小游戏、网络投票、弹幕评论等形式因其独特的特点, 迅速赢得了许多网民的青睐和网络评论员的关注。

二、精心设置议题引导网络舆论

习近平总书记在 2013 年全国宣传思想工作会议上强调, 一定要增强阵地意识。宣传思想阵地, 我们不去占领, 人家就会去占领。

那么, 怎么去占领这个阵地呢? 所谓阵地就是两军对垒的 "阵眼", 是火力倾泻的地方, 关系全局的胜负手。而要在网络上 "占领阵地", 就是要在杂乱的舆论观点中, 找到最大的公约数, 把亿万网友的注意力集中到正能量的中国好声音、中国好故事上来, 而有计划、有层次地推出好声音、好故事就是好的议题设置。

党的十八大以来, 中宣部、中纪委等部门联合中央电视台制作推出了多部电视纪录片：《将改革进行到底》《法治中国》《大国外交》《巡视利剑》《永远在路上》等，用生动的故事、丰富的案例和朴实的语言，针对深化改革、依法治国、外交理论等重大思想理论问题进行了深入浅出的呈现，引起强烈反响，可谓是真正讲好中国好故事，牢牢把握住了主旋律。

2017 年 7 月，适逢改革开放近 40 年，各项改革进入深水区，10 集大型政论片《将改革进行到底》隆重推出，深度剖析有关改革的深层次核心问题——"为什么改""往哪儿改""为谁改""怎么改""如何改到位"，进一步凝聚了广泛共识，为进一步改革赢得了舆论环境。

具体到税收工作，2019 年税收工作的主题是减税降费，就要全力讲好减税降费在微观上缓解企业经营压力、在宏观上助推经济高质量发展的故事。

三、好标题带来"流量"

标题是通往新闻消息的入口，是新闻的"眼睛"，在信息海量、碎片化传播的网络环境下更是如此。一个响亮、扼要的标题能够在很大程度上吸引读者的眼球，使读者有意愿阅读详细内容。所以，一个标题直接决定了别人对文章的阅读兴趣。"标题党"固然可耻，但探索怎样让标题更精彩、更新颖、更有"含金量"却是符合网络传播规律的必然选择。

网络新闻标题具有三大主要功能：一是导读功能，明示内容；二是导向功能，评价引导；三是导航功能，说明形态。在不同的网络新闻平台上，新闻标题可以呈现出不同的形态，主要包括一句话标题、标题加提要、关键词标题这三种常见形式。网络新闻的标题对于传统媒体新闻而言更为灵活自由。

2015 年，为纪念抗战胜利 70 周年的"九·三"大阅兵活动前后，以此为主题转发量最大的一条微博是网名叫"周顾北的周"的一个女大学生发的，她就写了一句话："这盛世如你所愿。"配图是人民日报社的一张老照片，即 1968 年周总理在天安门城楼上紧锁双眉的照片。这张照片、这一句话让很多人百感交集，有网友解读说开国大典的时候飞机不够，周总理说飞两遍嘛，现在再也不需要飞两遍了，要多少飞机有多少飞机。还有网友留言，"国泰民安，当年送你的十里长街，如今已 40 里繁华"。这条微博转发量 103 万，评论 4 万多条，点赞 49 万。

网络新闻宣传标题制作要遵守几条基本原则：一是真实，文题一致，不做"标题党"。二是简洁生动，抓住关键词，用最精练的文字表达。三是精彩，提炼新闻点，令人过目不忘。四是独到，发挥创意，避免同质化。新闻标题制作时必须坚持真实和准确，避免标题失实，不打"擦边球"。

2015 年国家税务总局制作的动漫片《办税不求人》，这个标题就紧紧顺应了中央简政放权的要求和人民群众的期盼，展示税务部门的新变化，取得了很好的传播效果。

四、引发情感共鸣

网络宣传面对的是广大网民，要举笔常想网友、落笔常带感情。不说假话空话套话，以平等交流的态度和感情，增强传播力、引导力、影响力和公信力。

李保国，河北农业大学教授，经济林专家、山区治理专家，微信名字"老山人"。李保国教授于 1981 年大学毕业后留校任教，主要从事山区开发与经济林栽培技术研究推广工作，坚持 30 年扎根太行山，用科技帮助太行山区农民脱贫致富。2016 年 4 月 10 日，58 岁的李保国教授因心脏病突发，经抢救无效不幸去世。如何号召全国干部群众向李保国学习，激发起广大干部干事创业的热潮？河北省主打"太行新愚公"这个具有强烈民族认同感的话题，组织《中国梦，需要更多的"太行愚公"撬动》《"新愚公"引领工匠时代大发展》《他把最好的"论文"写在太行山上》《太行山在呜咽，那里失去一位绿色保护神》《一个"农民"凭啥被百万网友关注》《唯有信仰之灯，才能照亮征程》《从李保国看中国知识分子应走之路》等高质量的报道和评论，把弘扬李保国精神的社会舆论推向高潮。

在当前经济下行压力加大，中美贸易摩擦等不确定因素增多的大环境下，税务部门也要与广大纳税人和企业主"共情"，着力帮助企业应享尽享税收政策，获得转型发展。而不是大力宣传应收尽收，"拉网式"清查等。

五、小处着手防假大空

以小见大的表现手法运用于网络新闻传播中，不但可以从普通人、平凡事中挖掘具有显著价值的内容，让高深的主题有一个赖以支撑的立足点。而且，贴近网友日常生活的事例，更容易受到认可和喜爱。要将目光对准基层和地方的小事，用小事支撑起宏大的主题，保证表达形式喜闻乐见。

为此，要运用事实、理论、数字、故事等形象、具体、接地气的论据，只有由事入理、事理高度融合，才能获得认同。

人民网三评浮夸自大风的文章，《文章不会写了吗？》《中国人不自信了吗？》《文风是小事吗？》直面现实，痛击网民反感多时的"哭晕体""跪求体"等浮夸风，提倡短实新，反对假大空的文风，语言生动，直达人心，发人深省，引发了热烈反响。

每年春运时，网络上都会发生针对铁道部的大量舆情，人们普遍抱怨票难买、车难上、不准时、服务差等。有一年，铁道部发言人就告诉大家：我国每年的春运要运送7亿人次，相当于一个欧洲的总人口，而中国的人均铁路长度不到一根香烟那么长，以人均不到一根香烟长的铁路，在40多天的春运季里要运载一个欧洲的总人口量，铁道部压力可想而知，因此春运出现这样那样的瑕疵，请全国人民多多包涵。网民将心比心，觉得铁道部也不容易，舆情就平稳了，铁道部形象也更正面了。

六、注重引导和评论

与传统媒体的线性传播不同，网络新闻传播不是一次性"制作——传播"就结束了。观点和事实发布之后，会引发评论，而网络传播还需要着眼于通过引导评论来引导舆论的走向，才是一次宣传工作的闭环。网络评论既可以作为传统评论的延伸，起到引导舆论、凝聚共识的作用，也可以利用自身优势，及时为民众释疑解惑澄清是非，还可以成为表达民意的重要渠道，引发公共讨论，深化社会影响。

网络评论是一个重要阵地。借用一个常见的网络术语，如果把主要的网络新闻报道当作"盖楼"的话，主楼建好了，若不对跟帖和评论加以管理，很容易就被看热闹的网友把楼"盖歪了"。楼如果歪了，整个宣传就达不到预定的效果，甚至还起到反向作用。

网络评论要做到"四讲"：讲事实、讲道理、讲情感、讲形象。

一是要讲事实。针对任何一个事件的评论，都必须建立在客观事实之上，始终把事实放在首位。尤其是对突发事件的及时回应和反驳谣言等不实信息时，梳理事件脉络、列举事实资料和利用数据图表三种讲事实的常用方法能够起到非常重要的作用。1947年，美国心理学家奥尔波特和波斯特曼曾提出一个著名的传播学公式：谣言＝重要性 × 模糊性，表示事件越重要、事实越不清楚的时候，谣言的传播危害也就越大。而1953年，美国社会学家克罗斯又明确加入"公众批判能力"这一元素，将谣言公式变为"谣言＝事件的重要性 × 事件的模糊性／公众的批判能力"。也就是说，谣言的产生与事件的重要性和模糊性成正相关关系，和公众的批判能力成负相关关系。面对复杂的网络舆论环境，事件层出不穷，事实真相极端稀缺，特别是当谣言内容与人民群众所关心的问题息息相关时，在情绪化、非理性的网民群体中间极易出现谣言传播的现象。这就特别需要讲事实，需要讲述那种通过理性梳理之后的事实，如数据分析、脉络梳理等。

二是讲道理。通过讲道理的方式表达理性观点，在意见纷繁的网络环境中发布理性声音，引发理性思考。特别是在舆论事件发生的过程中，各种观点针锋相对，想要在思想舆论场中突出重围并掌握舆论控制权，或者是在热点事件过后，对事件进行回顾和反思的时候，讲道理是最好的策略方式。

三是讲情感。正所谓"晓之以理，动之以情"，在网络评论的内容策略中，情感力量与理性力量的结合，能够最大程度地缓解危机，甚至可以避免危机的发生；而不讲情感，则可能会招致民众的强烈反应，甚至引发公共舆论事件。面对价值冲突、社会危机及灾难事件的时候，讲情感的方法可以发挥较佳的作用和效果。如价值冲突的正确引导、灾难事件的人文关怀等，都应以正确的态度和恰当的情绪，通过强调个体叙事、注重人文关怀、感性理性结合等方式，特别是娓娓道来的故事叙述手法，在叙事过程中呈现情感的巨大力量，形成广泛共识，凝聚人心。

四是讲形象。形象是信息传递过程的产物，而一个社会往往会对人和事形成某种刻板印象，从而使其形象具有先入为主的作用，在很大程度上作用于受众对它的看法。网络社会的偏见在所难免，这就更需要传播的实时性、互动性，淡化官方色彩，以平民化、生活化的表现形式进行形象塑造，让人民群众与国家机构、政府部门和领导人的距离变得更近。

第四节　多方共建塑造良好形象

在网络时代，相对于诋毁一个形象只需要一个谣言来说，塑造或重建正面形象，使其被普遍认可，是一项复杂的工程，不仅需要当事者对自身形象的准确认识和定位，还需要向大众传播，更需要大众的普遍接受和认可。

一、凝聚高度职业荣誉共识

税务系统在国家公务员体系中，是仅次于公安系统的一个庞大系统。从数量上来说，税务系统有 70 多万人。工作上，70 多万人在点多、线长、量大的工作环境中，心往一处想，劲往一处使，肯吃苦、能战斗、乐于奉献，保障了国家坚实的财政收入来源，成就了国税地税征管体制改革和减税降费政策措施的落地。事实上，每年两会的工作报告中宣布的各项成就，都有税务工作者在背后付出的艰辛和努力，而这一因果逻辑却长期未受到应有的关注。

而如果能凝聚高度的职业荣誉感，70 多万税务人在网络上发出一个声音，那将是一股强大的正能量。参考公安和卫生系统的经验，税务系统的舆情应对至少有以下几个方面的工作可以展开：

1. 进一步增强职业认同感

贯彻国家税务总局"倾情带队"的管理思路，一方面要善待，即要关心干部、爱护干部、培养干部、使用干部，为干部成长搞好服务，搭建舞台，建立机制和制度。另一方面要严管，即要严格要求、严格教育、严格监督，对各种违法违纪行为一定要严肃查处。通过这两个方面的工作，使干部队伍成长好、发展好，切实增强团体凝聚力和职业认同感。

2. 培养税务行业"大 V"

网络舆论交锋，如同两军交战，必须要有领军的将领，行业"大 V"起到的就是扩大火力、放大声音的作用。

那么，要如何培养税务行业"大 V"呢？回顾"陈里"等公安大 V 的成长历程，可以发现，这些"大 V"起步的时候，是从打拐、寻人、发布有用信息开始的。其实，税务方面的"有用信息"也很丰富，尤其因税法具有专业性强、变化快等特点，造成网络上的税务信息谬误百出，误导性很强，而发布权威类税法变化的提示性信息和打假信息，就是培养税务行业"大 V"的一条有效途径。

3. 打造反映职业特点的重磅影视作品

当前的热门宣传模式，已经逐渐从文字时代、读图时代，过渡到未来

5G 条件下的流媒体时代。应抓紧组织梳理基层的真实工作状态，构思朴实、感人的税务故事，展现税务人在微观方面帮助企业做大做强，在宏观方面助推经济高质量发展中的点滴事迹和巨大贡献。

二、建立高素质宣传团队

一般而言，网络新闻传播中新闻队伍的专业技能及素养需要以下几个方面：

第一，思想政治素养。新闻舆论工作不是单纯的业务工作，讲政治是第一位的。2016 年 2 月 19 日，习近平总书记在新闻舆论工作座谈会上的讲话中，重申了中国共产党一以贯之的"政治家办报"意识。在实际工作中，要严格遵守党的政治纪律、宣传纪律，要增强政治定力，无论遇到什么困难和挫折都不能动摇或背离信仰和信念。2019 年 8 月，中共中央印发了《中国共产党宣传工作条例》。宣传部门和相关工作人员应学懂弄通吃透文件精神，以更强的责任心做好宣传思想工作。

第二，职业道德素养。《中国新闻工作者职业道德准则》（2009 年第三次修订）从七个方面制定了新闻媒体和新闻从业者应该遵循的职业规范：全心全意为人民服务；坚持正确舆论导向；坚持新闻真实性原则；发扬优良作风；坚持改革创新；遵纪守法；促进国际新闻同行的交流与合作。

第三，专业技能素养。专业技能素养指的是工作者从事内容生产和传播所应该具备的税收业务素养与修养。不仅要熟练掌握内容生产中采访、写作、编辑、评论和摄影（摄像）等专业技术，保证制作出高质量的新闻产品，还要跟上传播技术的发展，熟悉各种不同介质媒介的传播特点。而涉税新闻的宣传报道更要准确把握国家关于税收的定位和宗旨，理解税收治理的深刻内涵，培养适应媒介融合发展趋势的复合型专业技能，努力成为全媒型、专家型新闻舆论工作者。

税务新闻舆论工作者在具备以上基本的新闻工作素养基础上，至少还需要具备以下两个方面的素质：

一是要有较为扎实的税务专业知识。税务工作具有较强的专业性，各税种的具体规定繁琐，各类优惠政策适用条件不同，政策变化较为频繁，每一户纳税人的生产经营条件、所处的产业链、适用的税目税率都不同，网络媒体对税收政策的建议和评论则更是五花八门，仅对其真伪的鉴别，就需要较强的专业知识才能很好地识别和把握。

二是要有较强的"共情"能力。税收宣传不能是单纯地宣讲政策，告诉纳税人必须"按律纳税"，而是要有"共情"能力，"陪伴"纳税人依法纳税，合法获取税收优惠，享受政策红利。在政治传播和政策宣讲过程中，"共情传播"是一个重要的课题，有待基层实践的开拓。

三、扩大朋友圈

"朋友圈"是由微信的广泛使用而带动起来的流行语。正能量的朋友圈，可以促进圈中成员充分沟通交流，带来更多的理解和包容。税务部门也应该扩大自己的朋友圈。

1. 政府其他部门是天然的盟友

税务部门是重要经济管理部门。它是实施宏观经济政策和服务微观经济运行的重要结合点，具有连接两头的关键作用。而政府其他部门也承担着不同的经济和社会管理职能，也存在着管理和服务的矛盾和困难，因此，更应该互相理解，互相配合，而不是互相"甩锅"。

2. 纳税人既是管理对象，也是服务对象

与税务部门打交道最多的就是纳税人，征纳矛盾也是税务部门面临的主要矛盾，不少纳税人在网络上的质疑，都是由此而来。对待纳税人的批评，税务部门应该保持谦虚谨慎、有则改之无则加勉的态度，及时回应纳税人的合理诉求，依法依规解释清楚税法执行中的刚性。

3. 专家学者是重要第三方

很多涉税观点、政策解读和实施效果，通过专家学者说出来，更加让人信服。比如上海财经大学的胡怡建教授，长期研究税法和税负问题，他总结的营改增减负效应分析，具有很强的说服力。要发挥专家学者的引领作用，引导第三方加强研究税收问题的深度，拓展实地调研、数据获取等渠道，形成有影响、有深度的研究报告成果。构建在正面舆论与负面舆论

之间的第三方专家中性舆论地带，更好引导社会舆论。

对朋友要以诚相待，不仅仅是搞好服务，更要坦诚交流，把工作成绩、工作努力、工作难点都聊一聊，会争取到更多的理解和空间。

建立了广泛的朋友圈，才能发挥"合力"，借助朋友的嘴，说自己想说的话。这样，往往更容易以理服人、以情动人，引发受众的共鸣，增强内容的说服力。而这种"借力打力"的方式，又大体可分为以下几种：

1. 善于借第三方的嘴说话

借助专家学者、社会知名人士、行业杰出精英以及文艺作品中优秀人物形象的事迹、名言、观点、意见等，可以进行更有效的舆论引导，弘扬主旋律。

2. 善于借网民的嘴说话

网民说的话通常"话糙理不糙"，更接地气，更加符合网民的思维方式和阅读习惯。因此，引用网民的论证观点，能充分吸纳网民集体智慧，提升评论的说服力。对其中的观点有选择地直接转载或编辑后转载，体现出对网民意见的尊重，也是对网络群众路线的切实践行。

3. 善于借外媒外方的嘴说话

外媒在热点问题上的看法跟国内主流媒体存在一定的相似性时，把外媒的意见和观点作为论据，既可避免"一面之词"，又能让内容更加客观公正，还能完善自身的论证思路，提升内容的影响力。

2018 年和 2019 年，中国税务部门连续在国内举办第 48 届亚洲税收管理与研究组织（SGATAR）年会和第一届"一带一路"税收征管合作论坛，中方组织国内外媒体采访外方高级税务官员对中国税收制度的评价和建议，并适时通过多种形式传播，取得了很好的反响。

四、建立开放和包容的媒体关系

公安部原新闻发言人武和平认为，政府部门要善待、善用、善应、善管媒体，才能做到双赢。公安部每周开一次新闻发布会，力争 80% 的信息完全公开。多年运行结果显示，公开的信息越多，危机事件就越少。

由此来看，政府部门与媒体应该构建"多赢"的开放、包容的关系。

一是构建趋同中的差异关系。趋同是因为政府部门和媒体都为国家和人民服务，为经济社会发展服务。差异表现在两方的着力点是不一样的，政府部门有社会管理职能，其主要工作是引导和规范市场与社会行为；媒体更多的体现服务性，还面临着一定的内部和外部竞争压力。二是构建博弈中的制衡关系，政府部门与媒体是相互需要的，不是相互对立的，要在沟通中互相配合，互相制衡。政府部门要善待善用媒体，媒体应该合理发挥监督职能，及时反馈社会管理信息。

1. 构建常态化的信息发布机制

国家税务总局持续多年召开季度新闻发布会，定期通报重要税收数据，回应媒体关切，已经取得了较好的效果。各省级税务机关，如广东、浙江等省也召开了多次新闻发布会通报信息，下一步也可以尝试建立常态化的信息发布机制，提高重要涉税信息的传播速度，降低社会获取涉税信息服务的成本。

2. 建立与媒体的开放交流关系

以媒体开放日、邀请记者一起体验办税服务和实地核查等多种形式，向媒体开放税务部门的日常工作，使媒体能够体会基层税务工作人员服务纳税人付出的努力和辛苦，最大限度地赢得理解和支持。这也是"共情传播"的基础。

3. 科学合理设置议题

注重税收宣传议题策划，做好议题设置的前置、延伸与评估，发挥以我为主的导向作用，凝聚广泛共识，减少公众误读，消解负面因素，提升宣传效果。比如2019年全国税收宣传月的主题为"落实减税降费，促进经济高质量发展"，就较好地把媒体和社会的目光都吸引到了税收红利上。

4. 及时回应媒体问题，主动接受监督

媒体提出的问题，往往具有一定的代表性，可能代表着社会对税收政策的普遍观点，因此认真回应好这类问题，能起到举一反三、事半功倍的效果。同时，还可以聘任特邀监察员等形式，主动接受媒体监督，对曝光的有图有真相、查有实据的不良行为，要及时严肃处理，尽快挽

回声誉。

　　重塑税务部门的社会形象是一项长期性、系统性的工程，需要全体税务干部共同参与，需要"朋友圈"的相互支持，更需要全系统宣传人员久久为功持续有力的引导。

第五章

典型案例分析

前面四章，主要从理论上分析阐述了涉税舆情面临的网络环境，有效处置涉税舆情的方法，重塑税务形象的举措等。本章精选若干典型案例，进行回顾和分析，用真实发生的舆情来进一步阐述和印证前文的观点，印证相关理论，以期获得更直观的借鉴。

这些案例既涵盖了前文所述的几大关系（如医患关系、警民关系等），也涵盖了几类公共事件（如重大自然灾害事件、食品安全事件等），还梳理了新华社的"网红"之路，分析了医生这个职业形象重塑的"关键几招"等。它们中，既有临危不乱、处置得当、快速挽回声誉的正面典型，也有进退失据、谣言滋生、形象受损的反面教训。认真梳理和分析这些案例的来龙去脉，体会涉事各方的心理变化和举止动作，印证网络舆论的冷热走向，对于税务部门认识舆情、处置舆情、引导舆论应具有较高的借鉴意义。

一、"东方之星"沉船事件新闻引导

2015年6月发生的"东方之星"号客轮翻沉事件，夺去了400多个鲜活的生命，是近年来国际少见的一起特大灾难性事件，引发了国内国外媒体的广泛关注。在媒体高度聚焦的放大镜下，政府部门在做好紧急营救、妥善善后等工作的同时，还要快速、准确、有效地公布事实，消除、回应网络质疑，科学引导舆论。本案例通过梳理如何第一时间把握突发事件处置主动权、概括总结各级媒体在沉船事故中的报道特色，为类似的突发灾害性事件的舆情引导提供借鉴。

（一）案例背景

2015 年 6 月 1 日 21：30 左右，"东方之星"号客轮（原计划从南京出发开往重庆）航行至长江中游的湖北监利县大马洲水道 44 号过河标水域处（长江中游航道里程 299.9 公里），遭遇罕见的强对流天气及其带来的狂风暴雨，突发翻沉。

沉船事件发生后，沿江各省市部门调集动员大批搜救队伍在事发地及下游水域开展全方位、立体式、拉网式搜寻。最终，"东方之星"号客轮上 454 人，成功获救 12 人，遇难 442 人。

（二）舆情回顾

1. 事发后至大规模救援队伍集结前的舆论"真空期"

6 月 2 日凌晨 2：52，中央电视台湖北记者站通过长江海事局了解到沉船事件，通过"央视新闻"微博首发沉船信息：一载有 400 多人的"东方之星"号客轮在长江湖北段倾覆。

6 月 2 日早间起，各级广播电台、电视台相继在早间新闻频道插播这一事件，各大媒体网站、微信公众号、客户端纷纷开设专题、专栏，对救援状况进行跟踪报道。

2. 救援展开至第一场新闻发布会前的舆论"扩散期"

"东方之星"沉船事件关系到了 400 多人的生死存亡，国内外媒体纷纷跟进报道，舆论迅速扩散，见下图。

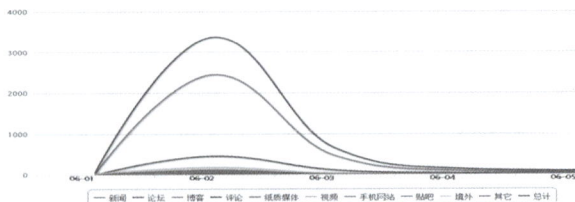

图 5-1　国内外媒体对"东方之星"沉船事件的报道量走势

注：数据来源于新华网网络舆情检测系统，2015 年 6 月 1 日至 5 日。

6月2日上午，政府部门在湖北省监利县设立沉船事件新闻中心，每半小时整理推送一次权威信息动态，新华社、荆楚网连续发布"长江监利段发生客船翻沉事故由湖北省全力组织开展搜救""据气象部门介绍，事发时正刮12级大风""解放军和武警部队派出救援力量执行搜救任务""65岁老人获救"等权威消息，进一步满足公众知情权，把握舆论主导权。

6月3日起，各大媒体在头版头条对中央的部署以及救援的进展进行详细报道，让社会公众更加直观看清事故发生的原因，第一时间了解后续灾难救援工作。

6月3日上午，为回应境外媒体关切，相关部门组织美联社、法新社、路透社、共同社、埃菲社、BBC、CNN、NHK等20多家外媒记者赴沉船核心区，清晰地记录和反映中方各路救援力量紧张施救的过程。

3. 72小时黄金救援期间的舆论"热议期"

6月2日至13日，政府部门组织召开了15场权威救援新闻发布会，主动满足各类媒体和社会公众的信息需求，有效控制并消除了各方谣言。

表5-1 "东方之星"15场救援新闻发布会（部分摘要）

重要场次	时间	主要内容
第1场	6月2日 17：30	传达党中央和国家领导人"搜救人命高于一切"的指示精神，强调国务院总理李克强已赶赴现场指挥救援，着重说明政府目前采取的救援措施，投入的人力物力，有无落水者被救起，船上人员情况，救援难度以及急需的救援物资
第2场	6月2日 22：00	公布截至2日21时，累计出动搜救队员、飞机、直升机、各型艇舟、打捞工程船、医疗救助队等人力物力数量，表明今夜将连续作战，通宵达旦，公布最新搜救出2名生还者
第3场	6月3日 16：30	邀请专家介绍救援工作最新进展及气象和船舶设计制造等相关情况，同时表态前期调查工作将按照绝不护短的原则展开
第6场	6月4日 下午	介绍乘客家属接待安抚等工作的进展情况及不同地区相互配合持续展开搜救工作的情况，通报最新搜救进展，告知目前获救人员情况

续表

重要场次	时间	主要内容
第9场	6月5日 11:00	介绍目前沉船整体扶正工作的具体进展、面临的难点及应对措施，邀请专家解释采取先扶正再打捞的原因，公布截至目前遇难者人数升至103人，14人生还
第12场	6月6日 14:00	通报搜救工作的最新进展，讲述官兵们进船搜寻"东方之星"最小遇难者过程，通报截至目前发现遇难者遗体396具，14人生还，失踪46人
第13场	6月6日 16:30	通报善后处置工作，回应记者提出的家属接待、DNA比对进展、遗物处理移交、"头七"祭奠安排、经济补偿标准等方面的问题
第14场	6月7日 10:30	通报救援善后新进展，向中外媒体介绍参与救援情况，部分参与救援前线人员参加采访活动
第15场	6月13日 下午	通报搜救和善后进展。经反复核实确认，客轮上共有454人，其中成功获救12人，遇难442人，全部遇难者遗体均已找到。据此，决定自即日起搜救工作结束

4. 黄金救援期后到善后处置安抚的舆论"平复期"

黄金救援后期，针对个别网络舆论出现挑动家属情绪、渲染事故悲情、追问事故原因、质疑救援过程等情况，相关部门及时组织媒体跟踪善后处置阶段动态，传递对逝者的尊重、对家属的关怀，帮助遇难者家属认同、理解、支持善后处置工作。

6月7日，按照民间文化习俗设置"祭头七"议题，央视、湖北卫视及相关省市电视台进行直播，《湖北日报》编发整版图片报道，同时各级媒体调整、撤播娱乐节目，营造庄重的祭悼氛围，进一步抚慰和舒缓家属和公众悲痛情绪。

6月9日，新华社独家采访"东方之星"号客船船长、轮机长以及其他幸存者，在救援基本结束后发出《生死一瞬间，幸存者还原翻船经过》，真实再现客船翻沉时刻，同时围绕遇难者家属的诉求，完善善后处理意见。

6月19日至6月21日，《湖北日报》刊发《江难无情 大爱如岳》《魂归故里 善举奇迹》《深创巨痛 爱的升华》等三篇长篇综述，深度挖掘事故发生地监利"小城大爱"的感人故事。

善后工作结束后，相关部门同步组织媒体深入挖掘"东方之星"救援处置的时代背景和精神原因，挖掘互助互爱感人瞬间，给生者以温暖，给逝者以尊严，进一步发挥灾难事故中社会舆论"稳压器"和社会情绪"减压阀"的作用。

12月30日，权威媒体公布长江沉船事故调查报告：经国务院调查组调查认定，"东方之星"号客轮翻沉事件是一起由突发罕见的强对流天气带来的强风暴雨袭击导致的特别重大灾难性事件。

（三）主要启示

"东方之星"号客轮翻沉属于突发性灾难事件，整个救援和善后处置过程中没有出现大面积谣言传播和大规模负面报道，媒体报道充满正能量。这在近年，特别是社交媒体爆发式发展的背景下，较为少见。总结"东方之星"沉船事件舆论引导的经验，可以带来一些有益的启示：

1. 信息公开与敏感舆情应对一体化部署

灾难发生后，政府迅速展开救援，第一时间向外界公布救援进展、旅客名单等信息，主动回应外界质疑，从6月1日晚事件发生到6月13日，相关部门在13天内连续召开了15场新闻发布会，权威解读关键信息，回应全国人民的关切，也让世界其他国家迅速真实地了解到事故发生的情况，看到中国政府部门高效的应急事件处置能力和积极主动负责的态度，更有效引导了网络舆论和国际舆论，极度地压缩了网络谣言滋生蔓延的空间。

2. 中央、省、市、县多级联动的一体化机制

灾难事件发生后，国家领导人高度关注并亲临现场指挥，构建了事发长江沿线各省市、各级各部门之间"一张网、一盘棋"的整体工作格局，形成协调联动的统一指挥体系，过程中主动聚焦回应事件本身及救援、伤亡人数、灾难产生原因等社会关切的问题，确保宣传解读口径统一、宣传频率高效密集、宣传内容真实权威。

3. 主流媒体权威发布与其他媒体快速传播一体化推送

本次事件中，除了新华社、《人民日报》、中央电视台等主流媒体发布权威信息外，新浪微博、人民日报微信公众号等新兴媒体及其他市场化媒体、地方媒体，包括国外媒体均积极推送，形成全方位的立体发声格局。同时，各级媒体较好地把握了"时"和"度"，例如事件中死亡人数先后发生多次变化，大多数媒体没有盲目炒作，而是待数据最终确定后再予以报道，最终实现了有效的舆论引导。

4. 救灾报道与社会关爱报道的一体化策划

本次事件中，相关部门多次强调对逝者的尊重和对家属的关切，强调将"争分夺秒全力进行搜救"，同时有意策划、报道事发地群众的"黄丝带"志愿服务、遇难者"头七"祭奠日等专题，在情感上赢得人民群众的认可和信赖，实现了以人文关怀为导向的价值引领和共情传播。

二、新华社微信公众号的"网红"之路

自媒体时代，微信公众号已逐渐成为点击量最大的媒体传播平台。新华社微信公众号一改传统的严肃、刻板的官方特征，以网络语言开展内容生产、内容传播和高效互动。2017年"刚刚体"彻底走红网络，展示了中国主流媒体高超的网络传播技巧。本案例可以作为税务部门开展网络宣传的重要借鉴，借以思考如何将看似枯燥的税务知识变成网友喜闻乐见的宣传作品的大课题。

（一）案例背景

新华社，全称新华通讯社，成立于1931年，是中国的国家级通讯社，国内最权威的新闻传播平台，是党和国家的"喉舌"。

长期以来，新华社给人的印象是官方、权威、严肃，甚至是刻板。面对新的传播对象、传播方式，新华社开办新华网、公众号开展全媒体变革，深刻把握网络传播规律，深入开展互动交流，为新华社赢得了新一代青年的"点赞"。

近年来，新华社充分从内容创新和受众互动两方面持续创新，多类报

道受到千万"粉丝"喜爱。比如 2017 年 6 月 21 日，新华社官方微信公众号一条题为《刚刚，沙特王储被废了》的新闻在网上"走红"。这条微信报道走红并非由于新闻内容本身，而是因编辑与网民之间的热烈互动引发围观，并在朋友圈刷屏。当日 10 分钟内，这条推文的阅读量就突破了 10 万，当天阅读数突破 800 万，点赞数突破 10 万。新华社官方微信公众号 24 小时内"涨粉"近 50 万，成为网络现象级话题，"刚刚体"随之诞生并引爆网络。

（二）案例回顾

1. "刚刚体"意外走红：《刚刚，沙特王储被废了》

2017 年 6 月 21 日 13：00 左右，新华社官方微信公众号发布了一条全文只有 38 个字的短新闻——《刚刚，沙特王储被废了》："沙特国王萨勒曼 21 日宣布，废除王储穆罕默德·本·纳伊夫，另立穆罕默德·本·萨勒曼为新任王储。"

图 5-2　新华社微信公众号新闻截图

消息一出，马上有网友留意到本次新闻非常简短，但新闻下面依然署着三名编辑的名字"王朝、关开亮、陈子夏"，随即留言："就这九个字还用了三个编辑。"新华社小编迅速回应："王朝负责刚刚，关开亮负责被废，陈子夏负责沙特王储。有意见？？？"

网友"Teck-mac-mah-ya-con"追问："'了'是哪位编辑负责？"小编认输："你们都好认真哦，给你们鼓掌举高高。"紧接着又有网民"找茬"："刘洪是干啥的？他负责逗号么？"小编随后回复："他负责逗！"

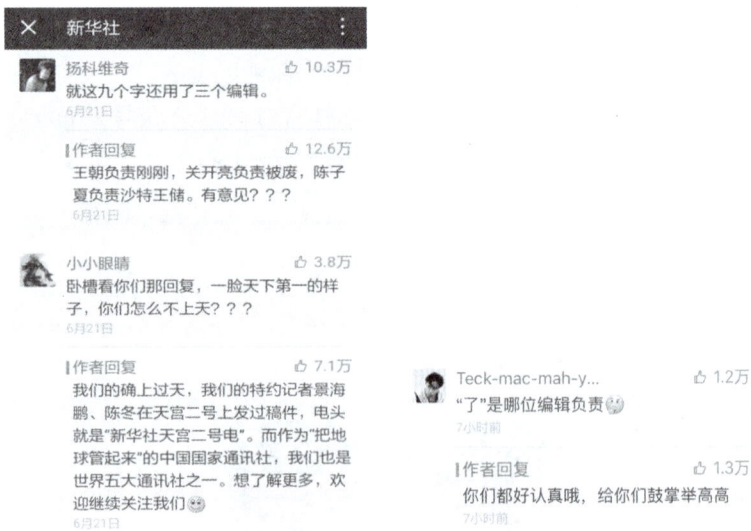

图 5-3 新华社微信公众号新闻截图

看小编底气十足，网友跟帖吐槽新华社的态度："看你们那回复，一脸天下第一的样子，你们怎么不上天？"小编处乱不惊地回复："我们的确上过天，我们的特约记者景海鹏、陈冬在天宫二号上面还发过稿件，电头就是'新华社天宫二号电'……"

面对网民夸赞"仙女小编你要红了"，小编回复："我一直很红，我们新华社的人都有红色气质。知道什么是红色气质吗？如果还不了解，欢迎网上搜索新华社去年拍摄的微电影《红色气质》，你回来会给我鼓鼓掌举高高的。"

在来回的互"怼"中，不到 10 分钟，该条微信阅读量就突破了 10 万。

随着接地气评论区的火爆，也带来了意料之外的"反转"，立刻有学识渊博的网友指出，新华社稿件里有 2 处错误：

错误一："废除"一词应为"废黜"。"废除"和"废黜"均有取消的意思，但取消的对象不同。"废除"指取消、废止法令、制度、条约等，如"废除不平等条约"。"废黜"指罢免、革除官职，现多指取消王位或废除特权地位，如"废黜职务"。据新华社原文：沙特国王萨勒曼 21 日宣布，废除王储穆罕默德·本·纳伊夫，另立穆罕默德·本·萨勒曼为新任王储。显然原文中的"废除"应为"废黜"。

错误二：标题不准确。标题《刚刚，沙特王储被废了》显然曲解了新闻内容。有读者说，看到这个标题，还以为中东也要搞民主选举了。根据新华社原文，这条新闻规范的标题应涵盖"废掉了某某的王储，指定了新王储"，标题改为《刚刚，沙特立了新王储》显然更为恰当。

错误被网友们挑出来后，其他同级媒体不忘快马加鞭赶来"落井下石"。

图 5-4　央视新闻的"加粗体""嘲讽"截图

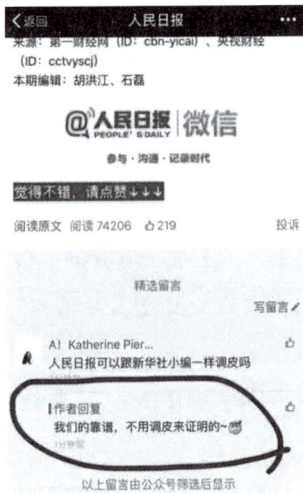

图 5-5　人民日报微信公众号的"不调皮""嘲讽"截图

当晚，事件持续发酵，新华社小编立即在评论区置顶位置承认错误，表示"正在深刻反省""业务水平和幽默水平都有待提高"，并简要介绍新华社稿件的编发流程和紧张状态，进一步回应"人浮于事"的质疑。

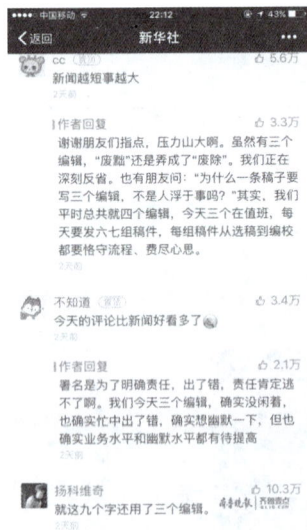

图 5-6　新华社小编道歉内容截图

趁着热点未退，当天晚上，新华社又推出了一篇内容更加丰富的文章，对新闻进行更加专业的解读。

图 5-7　新华社微信公众号的截图

虽然事件的反转让人始料未及，但网友们也对这次刷屏事件做出了整体评价。

图 5-8　新华社微信公众号新闻评论截图

和以往不同，这次网民似乎对新华社小编所犯的编校错误给予了宽容之心，靠"卖萌"博出位，又因文章本身不够严谨导致舆论的反转，成为当日网络现象级话题。当天该条微信阅读量突破 800 万，转发量近 50 万，点赞数突破 10 万。

统计显示，当日点赞数过万的评论以及小编回复共 31 条，其中 25 条使用了网络流行语，如"宝宝""爱我你怕了吗""厉害了""小仙女""惊呆了""举高高"等，占总数的 80%。在 145 次互动中，"我"和"你"分别出现 82 次和 47 次。

6 月 21 日—23 日，新华社官方微信公众号 24 小时内"涨粉"近 50 万，3 天增长逾 70 万。

2. "新华体"持续发声：打造微信舆论新阵地

随着不断的探索与改进，如今的新华社微信公众号已是众多用户"置顶"的每日必看，团队也因为与众不同的文风创新，以及和网友之间持续、积极、良好的互动，收获了一众铁杆粉丝，得到广大网友的赞许和喜爱。

表 5-2　新华社微信公众号典型互动引导话题
（部分摘录）

	类别	传统时节类
1	标题	今日夏至！最长白昼过后，想你的夜会越来越长
	互动	阅读量：10万+ "梦的火焰"留言：感情北方人只会吃饺子和面？太没创意了吧！ "木林森"留言：看完，感觉都恋爱了！ 小编回复：无言以对。
	类别	日常情感类
2	标题	扎心！5000条评论印满地铁，你看到哪句泪奔了？
	互动	阅读量：10万+ 网友评论摘录： "D。"留言：一直以为新华社和冷冰冰的央视新闻一样，现在发现不一样。 小编回复：不要破坏邻里关系。 "旭日耀中国"留言：新华社的公众号是不是被盗了，满满的都是爱 小编回复：如果是这样，也值了。

续表

	类别	重大事件类
3	标题	刚上天这颗卫星，对中国意义非凡！
	互动	阅读量：10万+
		"余丁"留言：探测面积超过5000平方厘米？好像也不是特别厉害。
		小编回复：仙女请到团队的一位来科学家回答，全世界的类似望远镜，探测器面积都在这个数量级，我们已是其中的佼佼者。
		"A–巨石健身"留言：探测面积5000平方厘米，求科普！
		小编回复：仙女这就飞上天去找慧眼同志请教一番，一会儿回来告诉大家，中午吃多了飞得有点慢，等我。

（三）主要启示

随着互联网时代到来，网民的话语权力进一步被拓宽，接受信息的渠道持续增加，部分网民群体逐渐对传统的权威媒体、权威报道的形式排斥且有偏见。

曾经，新华社一天中推送六七条新闻却"无人问津"，如今，一条短短的国外新闻引起社交平台现象级传播，不仅较好地引导了网民的舆论情绪，还制造了10万多阅读量的爆款文章，新华社小编们制造热点且颇具娱乐精神的"后台挑逗"，正是现在中央级媒体在新闻报道话语中积极融入互联网新媒体环境，寻求报道新转变的典型案例。

1. 诚恳回应网民，正视错误，承担责任

随着新媒体公众号的用户数量越来越多，不少认真的粉丝会专门来纠错。在这条新闻中，标题9个字，正文不到40字。但这样一条要素齐全的超短新闻被后台留言的网友指出"出现错别字"。在对待网友提出来的"废黜"错用为"废除"这一事上，新华社直面问题不逃避，第一时间承认相关错误，发布"道歉声明"让纠错的留言置顶上墙，向受众道歉解释，并简要介绍了新华社稿件的编发流程和紧张状态，有力回应了"人浮于事"的质疑，成功对冲负面舆情，进而提升了公众号知名度。相比删帖或者不回应等做法，新华社从编辑的角度认真对待自身的错误，也较好地保护了这篇刷屏文章，避免因为删帖而产生新的舆情。从新媒体运营的角度来看，相比遮遮掩掩、

拒不回答的态度，新华社承认错误，尤其是以编辑个人身份承认错误，是一个上佳的公关行为，可以最大限度地减少印象扣分。

因为网友可以由此体会到，他们面对的是一个活生生的人——这个人会犯错误，但不会回避问题，而是坦诚以待。一些错误被指出后，新华社均及时作出回应，很多网友也留言说，他们最欣赏的，就是这种大方磊落、知错就改的态度。

2. 用符合新媒体的恰当表述，增加互动

互动是增强传播力的法宝。这个互动当中要更幽默，要勤于互动、敢于互动、善于互动。本次事件中，后台小编的个性化表达，是"反转"的引爆点。以往谈到"新华体"，大家都会想到"严肃""气势磅礴"等词，而这次，新华社小编卖萌打诨、插科逗趣抖机灵的行事作风一改人们对中央权威媒体的刻板印象。表面看是网民后台中"不客气"留言提问被管理公众号的小编毫不客气地怼回去，回复的方法妥当、巧妙、"有范儿"，而实质是，在编读互动中，小编没有一味迁就读者，面对各种提问甚至是发难，通过摆事实、讲道理，辅以风趣幽默的网络语言，使网民更容易接受，以平等的姿态努力传递正向的社会价值，在回复互动等二次传播领域占据主动。

网民对真实、坦诚、自信、开放的互动表示认可，小编的解释既硬气，又不失诙谐幽默，瞬间成了新晋"网红"，俘获了一大批粉丝。如今的每次推送，新华社用户留言都处于相当积极的状态，一些铁杆粉丝也会"点名"某位编辑来进行交流，甚至还有人称"不为别的，就想来看看评论回复"。这也说明了"放下架子"的平等对话，是网友们最能接受也最为喜爱的。

3. 用平等的身份，开展更有温度的对话

"小编"这一称呼较早出现于报刊亭上售卖的青春读本，后沿用至社交媒体。在舆论阵地愈发多样、舆论环境愈发复杂的当下，新华社作为国家通讯社，主动采用"小编"的身份，去发出权威有力的声音。有了特别的昵称，再加上编辑融入自身语言习惯的人格化处理，网友不再觉得新华社的后台是高冷的"领导人"，而是有着鲜明个性的、会与他们平等对话的亲密同志。于是，不管是疑问、夸赞、批评，甚至只是简单粗暴无实际意义的"求上墙"，都附加了网友们越来越高的期待值和同理心，这无形中也大大增强了粉丝的忠诚度。

从编辑到"小编",反映出读者与编辑地位上的平等,读编关系更加私人化、个性化。传统新闻报道中尽量回避的、主观化倾向的第一人称代词"我"和第二人称代词"你/你们",在网络的互动传播中成为高频词恰是其证明。在新华社"小编"与网民一声声"小姐姐""小伙伴"的互动中,"国社"这一金字招牌焕发出新的活力,评论区俨然成为一个真实的交流社区,也彰显出"新闻的温度"。

2017 年 7 月初,新华社微信公众号发文庆祝用户量超过 1000 万。在很多受众眼里,新华社微信公众号从"路人"变成了"真爱"。

三、黑龙江庆安火车站枪击案舆情回顾

2015 年 5 月,发生在当地火车站的一声枪响,让黑龙江省庆安县这个不知名的小县城迅速成为万千网友关注的舆论漩涡中心。一位民警开枪击毙酒后抢夺枪支的"犯罪嫌疑人",引发的却是庆安县的"政治"生态地震。甚至远在千里之外的安徽省安庆市发布消息:"安庆跟庆安不是同一个地方!"本案例真实展示了事实真相长期缺位带来流言滋生蔓延,而"诉求搭车"又将社会矛盾进一步撕裂,造成政府形象的重大损害。

(一)案例背景

2015 年 5 月 2 日 12 时许,黑龙江省庆安县农民徐某在庆安火车站候车室安检口处阻拦旅客进站乘车,哈尔滨铁路公安局执勤民警予以制止,该男子不听劝阻,抛摔幼童并袭警抢夺枪支,被执勤民警李某开枪击倒死亡。

5 月 3 日,原庆安县委常委、副县长董国生代表省市领导慰问了事件中的受伤民警。5 月 5 日,死者徐某家属收到一笔救济款,随后家属将死者遗体火化。

由于民间与官方对现场描述存在脱节,且现场完整视频迟迟不公布,庆安枪击案引发舆论持续关注。自 5 月 2 日事件发生后,在一个月的时间内,围绕庆安枪击案本身以及由此引发的庆安官场贪腐问题,在互联网上引发广泛讨论。

（二）案例回顾

1. 事件曝光：消息来源较少，舆论呈两边倒

5月2日，"黑龙江省绥化市庆安火车站候车大厅发生枪击事件：一名叫徐××的男子被执勤民警开枪击倒身亡"的新闻出现在微博社交平台上，当天哈尔滨铁路公安分局简要通报事件经过和初步处置情况，新华社据此播发新闻稿。当日，百度搜索相关报道18篇，新浪网跟帖7.5万条，大部分网民表示"如果是抗拒执法，威胁他人生命安全，可以击毙"。

当晚，现场照片在网上流传，部分网络"大V"对警察开枪动机提出质疑。

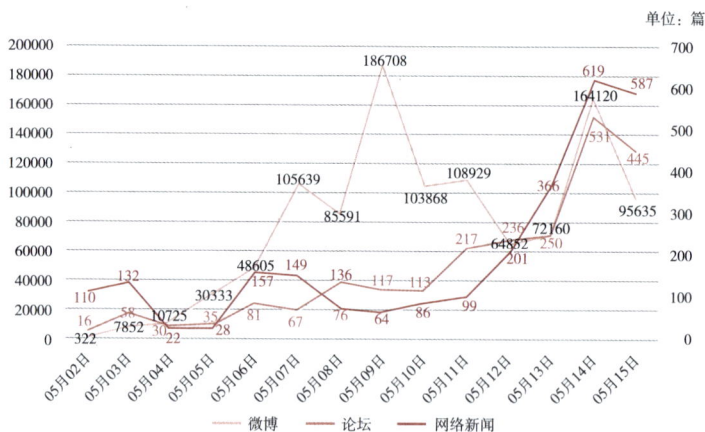

图5-9　黑龙江庆安火车站枪击事件舆论走向

2. 舆情升温：质疑警方开枪是否合法，举报开始"搭车"，舆情转移并持续发酵

5月3日，庆安县副县长慰问受伤民警引发公众质疑，网民质问"还在调查，为何民警已获官方肯定"。4日，网上有消息称事件因"截访"引发，有关部门和地方迟迟不予回应。5日，死者家属称得到20万元救助款，并表示不再追究，网民质疑款项为"封口费"，有关部门和地方未回应。6日，网民吴淦悬赏征集现场视频，并于7日在网上公布所谓目击者证言和视频，指责警察故意殴打徐某，相关音视频迅速传播，舆情热度骤然上升，公众

呼吁公开监控视频。

随着舆论焦点聚焦到庆安，焦点开始转向，媒体及网友的关注点已不止于对警察开枪的调查，更是将目光延伸至当地的贪腐问题上，与枪击案有关联的当地多名官员受到关注。在此期间，有网民实名举报庆安县原副县长董国生等人涉嫌违纪违规问题，对此当地发布了开展调查的信息，但对于引发舆情的源头，即庆安火车站开枪始末仍未作出正面回应。

3. 舆论高涨：呼吁公开监控视频，还原事情真相

案件发生 10 天内，相关视频资料迟迟未向社会公布，也没有任何单位表示将进行调查，错过了舆论引导黄金时间，舆情热度持续升高，公众的知情诉求表达异常强烈，新媒体、自媒体以及网民的讨论和质疑迅速增多。中央主流媒体主动开展引导，刊发报道，呼吁网民要以调查结果为依据进行理性讨论。8 日，鉴于舆情热度不断升高，中宣部向铁路总公司、公安部、黑龙江省委宣传部了解情况，要求表明依法调查态度，及时发布权威信息。

4. 舆论回落：多部门表态要还原事实经过

5 月 9 日至 11 日，死者徐某的母亲等家属先后与律师签订委托书，称不认可此前补偿协议，要求"开枪警察偿命"，舆情保持高位。中宣部加大协调力度，推动有关部门尽快释放信息。公安部高度重视，认真组织事件调查，12 日发布了依法进行调查并将及时公布调查结论的权威信息，舆论质疑声音转变为"耐心等待"，舆情有所缓和。12 日，去看望民警的庆安县原副县长董国生因年龄、学历造假以及妻子吃空饷等问题被停职。

5. 舆情反转：调查结果公布，网民观点仍呈多样化

5 月 14 日，新华社、中央电视台依据调查结果刊播深度报道，报道徐某多次暴力袭警、用 6 岁女儿抛摔民警等情节有力澄清了事实真相，绝大多数网民认可警方依法处置的做法。分析显示，14 日视频公布后，网民观点中支持警方的比重由原来的 25% 上升至 34.8%，质疑警方的则由 34.5% 下降到 12.2%。

6. 舆情平息：热度降低，媒体反思

5 月 14 日后，舆情热度大大降低，但仍有少数网民质疑视频经过剪辑造假、警方开枪处置不当、铁路公安机关调查不能确保公正、事件因截访

而引发等问题。

《人民日报》、中央电视台等中央媒体 5 月 24 日刊播相关调查报道，援引大量目击者、学界人士、检察院负责人观点，逐一回应质疑；刊发《决不让造谣者兴风作浪》等多篇评论，引导网民对不理性言行进行反思，舆情至此全面平息。

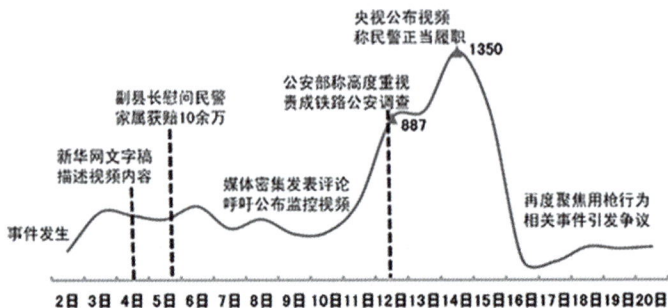

图 5-10 黑龙江庆安枪击事件舆情趋势图

（三）主要启示

该事件原本是一起发生在偏远县城的涉警涉枪突发事件，因初期处置应对失当、信息发布不及时，错过舆论引导黄金时间，致使舆情不断升温，陷入"新闻搭车"漩涡，不仅政府公信力大受损害，而且牵扯出其他次生舆情，最终演变为全国关注的热点事件。

1. 事实真相长期缺位，必然会导致谣言传播

越是敏感复杂的事件和问题，越应该主动发布权威信息引导舆论，其中对事件真相的还原尤为重要。庆安枪击案中，官方媒体通报案件后"不回应、不解释"，拒不公开现场视频，从而催生了围绕该事件的种种争议和猜测。"久拖不决，疑窦丛生"，这是有评论者对这起枪击案给出的评价，这八个字的评价也精准总结了从案发到现场监控视频公布前的舆论场状况。

2. 身处舆情漩涡，"新闻搭车"易引发次生舆情

当公众把注意力集中到舆情主体新闻事件时，其他一些与此地域相关的、以往较少受关注的问题将集中爆发出现在公众视野，趁社会注意力和各方面力量聚集的时刻寻求解决自身问题。庆安"塌方式腐败"的暴露点

燃了民众的反腐热情，舆情中很大一部分内容也源于此。不管是持续关注案件进展并不断发出质疑的网民，还是庆安当地不断出现的举报人，都是在借此案为突破口，宣泄长期累积的不满，诉诸更大的表达平台，以便解决自身的问题。

3. 无视媒体声音，政府公信力会被严重透支

舆情的持续发酵，往往始于舆情应对方的拖延和犹豫，从而透支政府公信力，引发民众的不信任。新华网发文《真相别总靠"倒逼"》指出，认真负责的调查、及时主动的公开，是对突发事件最好的应对，同时呼吁官方公布事实真相；《人民日报》评庆安枪案：遮遮掩掩让正当履职演变舆论事件，强调了及时做好信息公开的重要性。主流媒体的加入，并没有让庆安官方出来快速回应民意，反而呈现了"舆论热议，官方噤声"的局面。舆论不断在猜，官方却因在等"统一口径"而无法回应，信息不对等现象随时间推移愈发严重，直到 5 月 12 日，来自公安部"回应社会关切"的说法才给舆论带来稍显缓和的形势。

4. 安全事件的舆论代入感强烈，易引发民众恐慌

涉及公共安全事件，容易引起民众的强烈代入感。缺乏舆论主流的引导与官方权威报道，将会引发对案件主题的新一轮讨论与更深层次的民众恐慌。庆安枪击案件中，"枪支是否滥用""当时情况是否有必要开枪""为什么一枪毙命"等疑问，反映出部分民众对于公共安全体系的不信任感，并把自己带入到类似情景中。在现场监控视频公布之前，这起枪击案中涉事民警的行为一直是舆论聚焦的热点，关于这起案件中"涉事民警开枪是否妥当"的讨论一度占据舆论场讨论焦点。

四、海底捞"老鼠门"危机公关

一直以来，食品安全问题是全社会关注的焦点，是有关部门和相关企业的生死线。2017 年，以服务周到著称的海底捞发生了一起恶性食品安全事故，面临生死大考。令人惊奇的是，在事件发生后短短 24 个小时内，网络舆论发生了逆转，海底捞甚至获得"良心企业"的美誉。本案例回顾海底捞危机公关过程，启示相关部门在面临信任危机时如何紧急应对。

（一）案例背景

2017 年 8 月 25 日，《法制晚报》看法新闻栏目曝出记者亲自卧底海底捞，发现海底捞北京劲松店、太阳宫店后厨存在老鼠乱窜、打扫卫生的簸箕和餐具同池混洗、用顾客使用的火锅漏勺掏下水道等卫生安全隐患问题，引发舆论一片哗然。被曝光后，海底捞及时回应，以三封公开信和系列整改措施迎来史上最快的民意反转，其危机公关再次引发广泛讨论。

（二）案例回顾

2017 年 8 月 25 日 10∶23 左右，《法制晚报》看法新闻发布题为《暗访海底捞：老鼠爬进食品柜 火锅漏勺掏下水道》的调查报道，在海底捞暗访近 4 个月的《法制晚报》记者称：发现海底捞北京劲松店、太阳宫店老鼠在后厨地上乱窜、打扫卫生的簸箕和餐具同池混洗、用顾客使用的火锅漏勺掏下水道等现象……随后，新浪网、突袭资讯、中国青年网、新华网第一时间进行转载报道，引发网民关注和热议。

13∶40，"海底捞老鼠爬进食品柜"进入新浪微博热搜榜单，并一度攀升至第 8 位。海底捞的网络关注度暴涨，口碑急转直下，负面口碑占据 49.15%，正面突降至 11.07%，不少消费者表示"看了之后再也不会去海底捞了""海底捞触碰了红线"等。

图 5-11 《法制晚报》暗访海底捞的报道截图

14：46，海底捞在其新浪微博和官网发出致歉信，称：经调查，媒体披露的问题属实，这让我们感到非常难过和痛心，也十分愧疚和自责，我们愿承担相应的经济责任和法律责任，也已布置在海底捞所有门店进行整改。

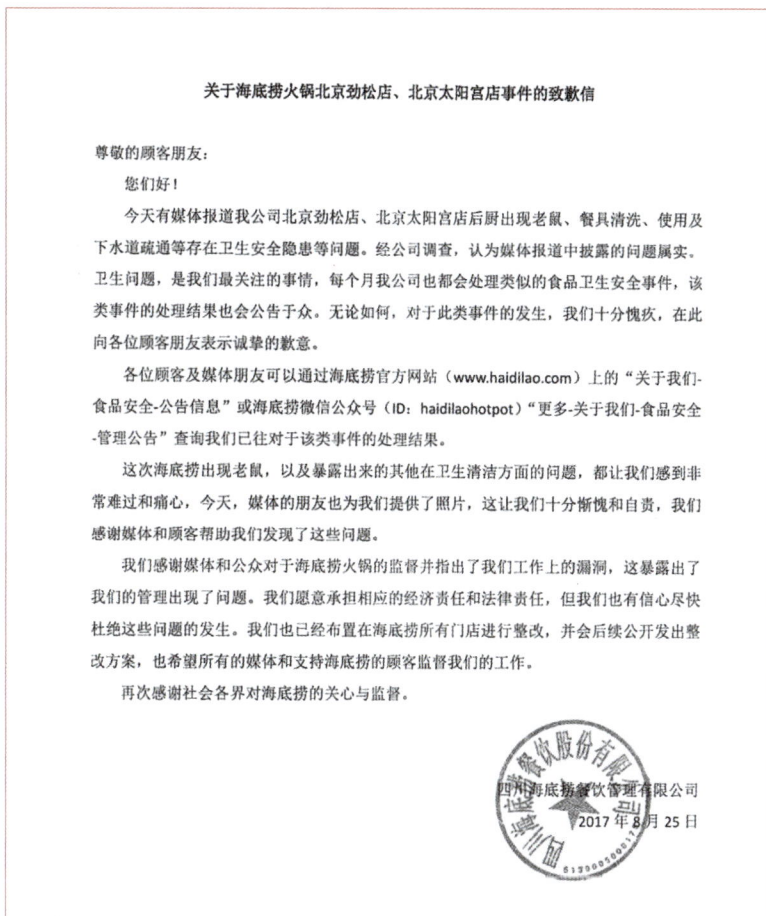

图 5-12　海底捞 8 月 25 日致歉信截图

17：00，《法制晚报》看法新闻官方微博发出海底捞后厨视频。

17：16，海底捞再发《关于海底捞火锅北京劲松店、北京太阳宫店事件处理通报》，公布了 5 条详细的整改措施和 2 条处置意见，每项整改措施都由公司高管甚至董事挂帅，责任到人。

关于海底捞火锅北京劲松店、北京太阳宫店事件处理通报

海底捞各门店：

今天有媒体报道我公司北京劲松店、北京太阳宫店后厨出现老鼠、餐具清洗、使用及下水道疏通等存在卫生隐患等问题。经公司调查，认为媒体报道中披露的问题属实。

公司决定采取以下措施：

1、北京劲松店、北京太阳宫店主动停业整改、全面彻查，并聘请第三方公司，对下水道、屋顶等各个卫生死角排查除鼠；责任人：公司副总经理谢英；

2、组织所有门店立即排查，避免类似情况发生；主动向政府主管部门汇报事情调查经过及处理建议；积极配合政府部门监管要求，开展阳光餐饮工作，做到明厨亮灶，信息化、可视化，对现有监控设备进行硬件升级，实现网络化监控；责任人：公司总经理杨小丽；

3、欢迎顾客、媒体朋友和管理部门前往海底捞门店检查监督，并对我们的工作提出修改意见；责任人：公司副总经理杨斌；联系电话：4009107107；

4、迅速与我们合作的第三方虫害治理公司从新技术的运用，以及门店设计等方向研究整改措施；责任人：公司董事施永宏；

5、海外门店依据当地法律法规，同步进行严查整改；责任人：公司董事苟轶群、袁华强；

6、涉事停业的两家门店的干部和职工无需恐慌，你们只需按照制度要求进行整改并承担相应的责任。该类事件的发生，更多的是公司深层次的管理问题，主要责任由公司董事会承担；

7、各门店在此次整改活动中，应依据所在国家、地区的法律法规，以及公司相关规定进行整改。

四川海底捞餐饮股份有限公司

2017 年 8 月 25 日

图 5-13　海底捞 8 月 25 日处理通报截图

18：00 左右，海底捞回应的消息位列新浪微博热搜第一位：

实时热搜榜	更多>
1. 海底捞回应 新	63万
2. QQ讨论组出现bug 热	62万
3. 佟大为藏私房钱 薦	57万
4. 杨幂 刘亦菲 热	52万

图 5-14　海底捞回应《法制日报》暗访报道的消息在新浪微博热搜榜的排名截图

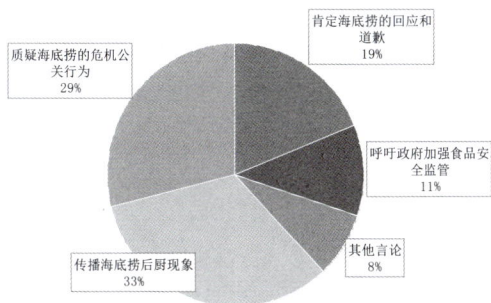

图 5-15 海底捞"老鼠门"事件网民话题分析图

（数据来源：识微科技）

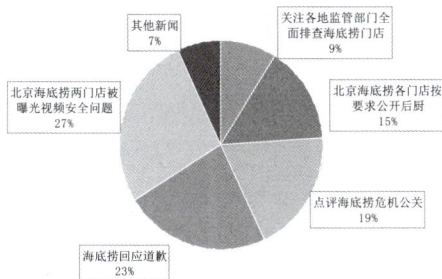

图 5-16 海底捞"老鼠门"事件媒体报道分析图

（数据来源：识微科技）

随后，关于海底捞"老鼠门"事件的新闻报道得到扩散，报道的主要媒体为：《北京商报》、中国新闻网、凤凰网、《法制日报》、《合肥晚报》、中国江苏网等，主要话题分布如上图所示，网友热烈评议：

● 8 月 25 日，新浪微博用户"北京人不知道的北京事儿"：记者卧底北京海底捞 4 个月：老鼠横行后厨，火锅漏勺掏下水道，经理说别大惊小怪。

●8月25日，新浪微博用户"RockShi"：【海底捞雇佣水军热门评论】水军评论"给力"，上面的评论都是水军公司热门评论维护的！海底捞，你的良心在哪里！这个时候还要水军！

●8月25日，新浪微博用户"laenix"：不得不承认，海底捞这个回应太牛了。承认错误、全面整改并不是亮点，亮点在于对涉事员工的处理那段。不但没有直接开除了事，公司高层还直接承担责任。比那些碰到事情就马上甩锅给员工的企业，实在不知要高到哪里去了。

●8月25日，知乎用户"江踏歌"：政府行政部门，这次一定要重罚，杀鸡儆猴，这是公权力的责任，餐饮卫生绝对不能糊弄。你可以推测中国的很多餐厅都是如此，但是海底捞这次被曝光了，那么它就应该付出该有的代价。

●8月27日，新浪微博用户"五岳散人"：其实也不是挺、赞海底捞，主要是在见过了那么多出事后缩头如龟、嘴硬如鸭的企业或者某些机构，猛然看见个正常一些的，忍不住有点儿耳目一新、受宠若惊了。何况真说起来的话，海底捞的卫生状态也还真不算下限，甚至在国内企业里还算及格线以上。这才是真正糟心的事儿。

8月25日—27日，在海底捞连发两次声明后，《海底捞的危机公关，你也学不来》《海底捞"哭"了，但员工不"哭"！》《这锅我背，这错我改，员工我养，这次海底捞危机公关100分！》《向海底捞学习，创业公司如何做好危机公关？》等文章在网络平台上大量出现，多篇获得10万多的阅读量。

8月26日，针对海底捞的负面信息占比降至25.93%，正面信息占比则大幅提升至33.92%。

8月27日，在北京市食品药品监督管理局两次约谈海底捞负责人后，海底捞再次发表声明称，将积极落实整改措施，实现阳光工程，将全国门店实现后厨操作可视化，主动接受社会监督。各级媒体进行持续跟踪报道，网民也对该事件保持关注。

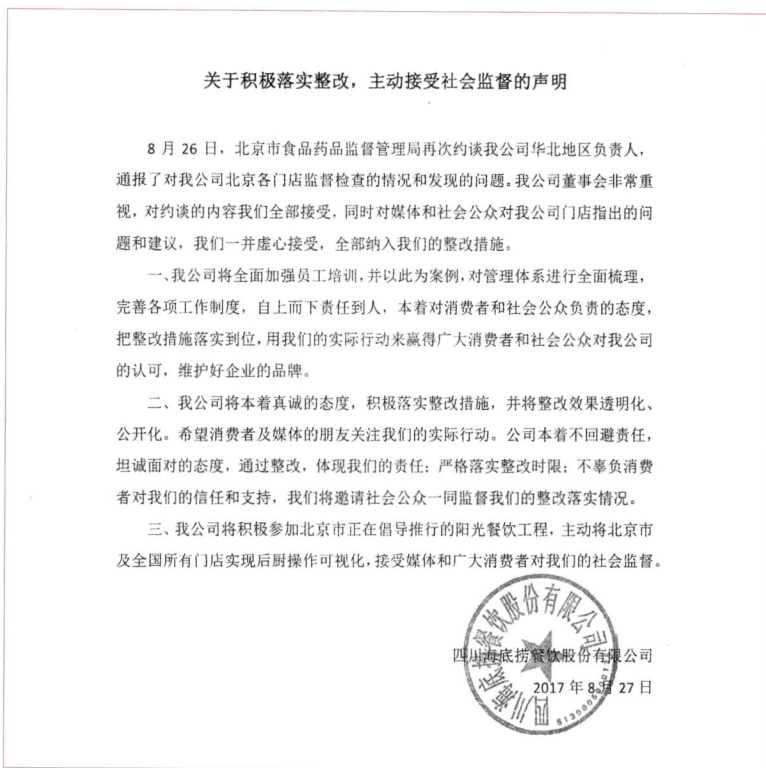

关于积极落实整改，主动接受社会监督的声明

8月26日，北京市食品药品监督管理局再次约谈我公司华北地区负责人，通报了对我公司北京各门店监督检查的情况和发现的问题。我公司董事会非常重视，对约谈的内容我们全部接受，同时对媒体和社会公众对我公司门店指出的问题和建议，我们一并虚心接受，全部纳入我们的整改措施。

一、我公司将全面加强员工培训，并以此为案例，对管理体系进行全面梳理，完善各项工作制度，自上而下责任到人，本着对消费者和社会公众负责的态度，把整改措施落实到位，用我们的实际行动来赢得广大消费者和社会公众对我公司的认可，维护好企业的品牌。

二、我公司将本着真诚的态度，积极落实整改措施，并将整改效果透明化、公开化。希望消费者及媒体的朋友关注我们的实际行动。公司本着不回避责任、坦诚面对的态度，通过整改，体现我们的责任；严格落实整改时限；不辜负消费者对我们的信任和支持，我们将邀请社会公众一同监督我们的整改落实情况。

三、我公司将积极参加北京市正在倡导推行的阳光餐饮工程，主动将北京市及全国所有门店实现后厨操作可视化，接受媒体和广大消费者对我们的社会监督。

四川海底捞餐饮股份有限公司
2017年8月27日

图 5-17 海底捞 8 月 27 日的声明截图

8月27日新公告发出后，海底捞正面评价达到 46.95%，重新占据主位，负面评价剩下 19.05%。有网民表示，"海底捞有担当，公关满分，良心企业，必须原谅"，甚至还有人抛出"你自己家后厨也不见得比海底捞干净"的言论，舆论的导向逐渐发生变化。

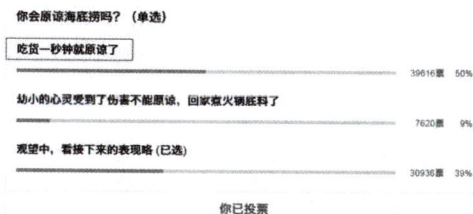

图 5-18 8 月 27 日后，新浪微博对海底捞形象的网络调查结果

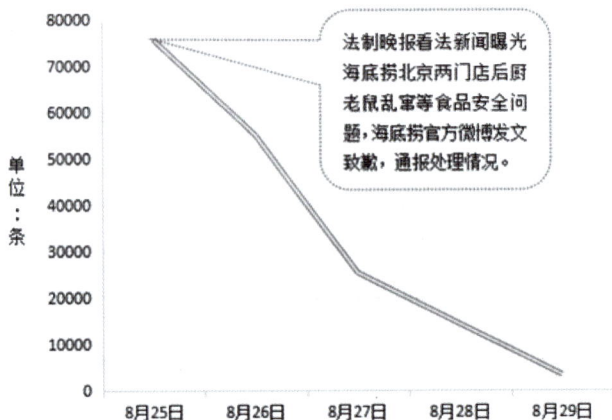

图 5-19　8 月 29 日后，事件舆情趋于平息

8 月 28 日—29 日，舆论逐渐平息，政府部门以此为例对食品安全问题再次整改督查，海底捞"老鼠门"事件至此落幕。

（三）主要启示

一度被视为餐饮界标杆的海底捞，被曝出重大卫生安全问题，必然迅速被推上舆论的风口浪尖。但是，出乎大多数"看官"的意外，海底捞以负责、恳切的态度令舆情迅速发生反转，可谓三封"鸡毛信"扭转舆论风向，被评价为"上午沦陷，下午逆袭"的典范，甚至有专业人士为其危机公关打满分。海底捞此次舆情应对是一次成功的案例，主要有以下几点值得学习和参考：

1. 速度为上，第一时间做好舆论回应

全媒体时代，信息呈现裂变式传播，涉事主体越早介入危机越能把握话语权。舆情处置时间要求上一直都有"黄金 4 小时"规律，就是要在充分准备的前提下，最大限度缩短回应时间，越是以最快速度与舆论场对接，就越能起到更好的应对效果。

本案例中，面对信息铺天盖地扩散的严峻局面，海底捞在最短的时间内发现问题并采取实际行动，在事发后 3 个小时即进行了首次回应，以道

歉为主旨，成为迅速止损的第一步。紧接着又在20分钟后发布了处理方案，详细罗列了七条后续举措。同时，在信息发布方面，三封通报依次为道歉信、处理通报、整改声明，先是态度上认错，再是问题纠正，最后是制度完善，遵循了舆情处置规律。

在实体处置方面，海底捞接连公布了一系列具体、详细的整改措施，从新技术的运用到门店设计，再到公布监督方式等，注重从细节入手提升可操作性。如公布了整改具体负责人的职位、姓名甚至联系电话，一连串的动作有力地彰显了海底捞痛改前非的决心，可以说是快速拿出了最大诚意，主动、全方位与公众沟通，让一场浮于表面的危机公关变为有迹可循的公关处理，快速建立起全面有效的协调机制，控制住事态发展，确保不扩大、不升级、不蔓延，不仅稳住了阵脚，也增加了公众的信赖感。

2. 勇于担责，准确回应舆论关注要点

危机发生之后，一般两个问题会成为公众关注的核心：一个是利益问题，一个是感情问题。只有涉事单位勇于承担责任，才能赢得公众的信任。

海底捞在首次回应中，开篇便承认问题属实，允诺对所有门店进行整改，并愿意承担相应的经济责任和法律责任，正是体现了担责的态度。一方面，海底捞并没有按照"惯例"，用责任切割方式将事情缩小在问题门店，而是坦然承认"每个月我公司也会处理类似的食品安全事件"，还告知通过官网或微信查询此类信息的详细方式，让公众在涉及自身利益问题方面进行核实。另一方面，海底捞并没有将问题推给个别员工，而是将事件归因为管理制度问题，并告知"涉事停业的两家门店的职工无须恐慌"，主要责任由公司董事会承担，在舆论面前竭力保全员工，这种被舆论称为"这锅我背、这错我改、员工我养"的态度，与某些"及时割肉"的舆情处置方法对比，很容易赢得了多数网民的好感。

与此同时，在此次舆情处置中，海底捞始终保持诚恳、认真、负责的姿态，在公开信中多处表示"十分愧疚""十分惭愧和自责"，并且以谦卑的口吻，感谢媒体和公众帮助自己发现问题，希望大家监督自己的工作，三封公开信没有任何言语闪躲和煽情段落，做到了内容直击要点、措辞不偏不倚，体现了海底捞勇敢承认错误、真诚道歉的处置基调，赢得了网民的理解，消除了可能存在的疑虑与不安，有利于公司信誉的重建。

3. 巧于借力，邀请权威代言增加公信力

"他山之石可以攻玉"，危机面前切忌孤军奋战，要善于援请权威或中立的第三方发声，破除公众的不信任心理。

此次事件中，海底捞多次提及"聘请第三方公司在卫生死角排查除鼠""与第三方虫害治理公司合作"等，表示对暴露问题的处理决心，并利用权威第三方表明积极处理危机的态度，比如表示将主动向政府主管机关汇报，与政府和媒体积极配合，增强了公司的公信力和影响力。此外，善于利用媒体为己宣传，在其发布公开声明与处理方案之后，便有大量正面跟进报道，一时之间，《三小时内火线回应，海底捞危机公关高在哪里？》《为什么那么多人选择原谅海底捞》等文章被纷纷转载报道，公众视线也随之转向海底捞的公关措施，"老鼠门"事件舆情逐渐平复。

不得不说，此次海底捞在舆情处置中确实有可圈可点之处，不过值得警惕的是，再完美的危机公关都是"面子"问题，而亟待解决的则是"里子"问题，这也是后续被一些媒体敏锐指出的关键点。危机与公关，实情与舆情，其实就是本与末的问题，只有将危机暴露的实体问题妥善处理，只有达到"面子"和"里子"的统一，才能真正让公众心服口服。

五、多措并举重塑"白衣天使"形象

人民网舆情研究室发布的 2015 年《网络低俗粗鄙语言报告》指出，官员、城管、专家、医生、警察被称为互联网"黑五类"。以医生为例，与传统的"白衣天使，救死扶伤"光辉形象不同，该职业的负面报道和恶性伤害事件一度屡见报端。但是，卫生系统和广大医护人员的形象在近几年却得到了很快的扭转，这正是采取多种措施，积极重塑正面形象的结果。这种形象塑造与近年来公安部门的宣传工作有异曲同工之妙，值得税务部

门认真学习借鉴。

（一）案例背景

一段时间以来，随着媒介环境的变化，医疗新闻题材的报道日趋多元，批评性报道占比上升，一些媒体为了在大众传播中博取受众眼球，甚至对医疗事件进行错误引导，导致医患关系日趋紧张、医患矛盾愈发突出、暴力袭医事件频现报端。据 2012 年的统计数据显示，每年每所医院发生的冲突事件平均为 27.3 次。[①]

在此背景下，医生的形象发生了明显变化，从 2003 年"非典"时期受人尊崇、舍身救人的"白衣天使""白衣战士"变成了"乱收红包""乱开药""无医德""无耐心""冷漠"的网络"黑五类"之一。

但是，近 5 年来，医生慢慢恢复了以往的"白衣天使"形象：医疗人员路见为难、挺身相救的报道多了；关于医生高强度加班累瘫在手术台边的照片多了；网络上理解医生、点赞医生的声音壮大了。

（二）关键三招重塑"白衣天使"形象

1. 快速澄清使多起"医闹"事件反转

近年来，医患关系备受全社会关注，媒体报道在总体上是注重事实、监督有效的。但是，也有少量媒体"歪曲"报道，借助网络传播非理性舆论，发泄对医生群体的愤怒情绪，将其推至舆论的风口浪尖，对医生造成了极大的误解和伤害，造成医患危机频频出现。但是，捏造的事实往往经不起时间的考验。

（1）2014 年，西安医生自拍事件

发轫期：自拍组图曝出，舆论声讨涉事医生

2014 年 8 月 15 日，西安某医院的医生完成手术后在手术台边自拍。

2014 年 12 月 20 日，微博博主"当维美不再唯美"在微博上发布医生手术台自拍图片，并配以文字说明"作为一名医护人员我想说难怪医患关

---

① 贾晓莉，周洪柱等：《2003 年—2012 年全国医院场所暴力伤医情况调查研究》，《中国医院》2014 年第 3 期，第 1—3 页。

系这么紧张，手术同时你们在做什么？拍照留念。如果手术台上是你的父母亲戚你还会这么做吗？"自拍组图被网民曝光后引发关注。

【微镜头】@当维美不再唯美说："作为一名医护人员我想说难怪医患关系这么紧张，手术同时你们在做什么？拍照留念。如果手术台上是你的父母亲戚你还会这么做吗？"（图片来自于西安某大医院）

图 5-20   "当维美不再唯美"微博上的医生自拍组图

12 月 21 日，陕西电视台《都市快报》栏目官方微博率先转发，并配以文字评论，引发热议，舆论呈"一边倒"态势，批判医生无德成为主流意见。

图 5-21   陕西《都市快报》微博报道截图

爆发期：涉事医生受罚，意见领袖出现

12月21日晚，西安市卫生局通报处理结果，涉事医生和医院受到行政处罚并公开致歉。于是，"副院长被免职""涉事医生被记过""凤城医院系民营医疗机构"等成为媒体报道重点。

当晚，新浪微博认证为"浙江援疆外科副主任医师"的"白衣山猫"对此事发表评论，扭转了舆论针对医生的不利局面。"白衣山猫"分析："一台高难度手术成功，病人安全，医生比病人家属还要开心。手术台边拍照合影以纪念本是好事。""白衣山猫"呼吁："心存善意，胸怀悲悯，你我同行！"这起事件引发的舆论洪流发生了180度的逆转。

部分网友跟帖如下：

weixiao8868
#手术台自拍# 换位思考，医生和护士并没有拿患者生命开玩笑，而是在手术成功时和患者留念，读者跟风起哄没意思，医院对医生的处理有点过，网络害人。
2014年12月25日 11:03 来自 超话

脑袋空空该多读书了
#手术台自拍#我对这种看图胡说八道的报道尤为憎恨。自拍的医生固有不对，但是一经媒体炒作就成了罪无可恕。@清晨滴小阳光 你还记得我跟你说让你当个好记者吗，那是因为现在这种胡说八道博人眼球的事情太多，我们都看不到真相了，而且记者随随便便一句话就能毁了别人的生活啊！
2014年12月25日 11:25 来自 Android客户端

国民女神经jessica
#手术台自拍# 没有调查就没有发言权。作为媒体人员更应该谨言慎行，不要断章取义，更加不要哗众取宠，以歪曲事实来博版面，博噱头，有什么意思呢？在医患关系本就紧张的当下，更加不要火上加油！这次处罚对于这几个涉事的医护人员真的是蛮重了，这么大篇幅的报道，院方想要从轻处罚真的很难。唉。。。
2014年12月25日 10:13 来自 超话

图5-22 部分网友对自拍事件的跟帖截图

还原期：澄清真相，同情医生，质疑部分媒体失职

12月22日，"白衣山猫"的观点获得医生群体的支持，媒体深挖"自拍"缘由，呼吁重建良好医患关系。病人家属出面澄清。对涉事医生的痛苦自述，不少网民表示同情和理解，并将矛头转向在舆论风波中推波助澜的部分媒体。网民质疑媒体在报道方面过度放大事件，加剧了原本紧张的医患关系，令医院信誉和形象受损。

（2）近年主要医患舆情反转典型事件

表5-3 2016—2017年医患舆情反转事例表（部分）

事件	主要情况	
	舆 情	真 相
2016年徐州"丢肾门"	2016年5月5日，《新安晚报》报道了一则宿州男子在徐州就医期间右肾"失踪"事件，加之新媒体传播的即时性、快速性和广泛性，医院一时间被公众舆论包围，谴责声不绝于耳	事件持续发酵6天后，出现惊人反转：患者刘某经由第三方鉴定确认其右肾并未丢失，呈现为外伤性萎缩。这场由媒体和公众引发的医患"乌龙"，使得医院和医生陷入了网络舆情危机，对整个医疗行业也产生了重大负面影响
	舆 情	真 相
2016年山东"纱布门"	2016年10月29日，山东电视台《生活帮》栏目首次播出了潍坊市妇幼保健院在为产妇徐某进行剖宫产手术后将纱布遗留在徐某子宫中的报道。之后，各类门户网站、微信、微博也出现了大量与该事件相关的信息，舆论风暴对整个医护群体的谩骂和人身攻击，甚至一些谣言也在其中散播	潍坊市妇幼保健院主动公开保留的完整采访视频、医学专家对病例的权威解析以及媒体同行对该报道倾向性的质疑，相关舆情发生反转，网民将原先指向潍坊市妇幼保健院的矛头转向《生活帮》栏目组和产妇徐某及其亲属。11月6日，专家成功取出产妇徐某子宫内残留的纱布，舆情逐渐消退
2017年深圳"缝肛门"	2017年7月23日，深圳一名孕妇在凤凰医院顺产下男婴后，被丈夫发现肛门处被缝线了。助产士称是免费为其做了痔疮手术，但其丈夫陈先生怀疑助产士因索要红包不成伺机报复，这一判断被媒体报道渲染，纷纷采用诸如"产妇肛门被缝""助产士索要红包"等骇人听闻的标题，缝肛门事件被迅速推上舆论热点，对医院造成严重的负面影响	经央视《新闻调查》深入调查发现：这是一则假新闻，产妇肛门并非被缝，而是对产后痔疮的紧急止血处理。伪造夸大这则假新闻"缝肛事件"的《南方都市报》记者柴会群与肖友若事后接受央视记者采访，也承认自己为了博取公众眼球，赚取点击率，在未充分调查双方当事人的情况下，凭患者单方面的说辞和自己的推测，撰文写出了这则影响广泛的"缝肛门"事件

2. 运用新媒体传播构建医生的正面形象

近年来，随着自媒体传播技术的发展和传播方式的更新，微博、朋友圈等自媒体平台已成为医务人员记录日常工作状态的重要途径之一，而媒体以此为新闻线索，以小见大地对新闻事实进行报道，激发了全社会对此类事件的讨论和思考，促使医生形象得到正面积极的建构，医患关系得以缓和。

（1）微博客观展现"医闹"事件中医生的弱势地位，赢得公众同情

● 2014 年 3 月 5 日，在广东省潮州市发生一起医生被患者家属押着游街的事件。微博用户"小萤飞飞"在 3 月 5 日晚上七点半发布了微博：3 月 5 日在潮州市某医院发生令人心寒的一幕：喝酒致酒精中毒昏迷半夜送医的病人，经过通宵抢救无效身亡，中间这位年轻的值班医生被病人家属抓住游街，殴打辱骂长达几小时！谁来保护医生？寒窗苦读 20 年出来面临这样的工作环境，他的亲人看到这一幕该有多心痛！随后，这条微博被广泛转发，医生的行医环境受到社会关注。

● 2016 年 11 月，山西省长治医学院附属和平医院发生一起女医生因拒绝患者家属提供的百度疗法而被捅伤的事件。记者"一个有点理想的记者"在微博发布：中国医疗界 11 月关键词，血泪和伤心。11 月 20 日，四川大学华西医院呼吸科护士被暴力撞门砸伤，血泪融汇染湿面庞。11 月 22 日，山西长治医学院附属和平医院，传染科女医生申雯身中数刀心脏破裂，伤心不已。中国涉医暴力一波未平一波又起。

（2）媒体刊发历年伤医事件详解起因经过

医闹和伤医事件得到了广泛关注，媒体汇总刊发历年相关事件，做详细报道和分析，得到了社会的广泛关注。

表 5-4　2016 年典型伤医事件

日　期	事　件	处　理
1月11日	北医三院高龄产妇因抢救无效死亡，家属聚众数十人辱骂殴打医务人员，产妇原单位致函要求医院调查	在警方主持调查和卫生主管部门协调下，产妇死亡事件进入法律程序

续表

日 期	事 件	处 理
3月14日	深圳龙岗区平湖人民医院医护人员被推搡殴打，家属组织十余人在医院内举横幅烧纸钱，并逼迫医生下跪	经公安部门鉴定，被殴打医生伤情轻微，警方以寻衅滋事罪对12名犯罪嫌疑人刑事拘留，对1名违法人员以扰乱单位秩序作出行政拘留5日处罚
3月21日	安徽淮北市杜集区人民医院精神科医生午休时，被一名男子连砍数刀致死	嫌疑人有精神病史，事发后被公安机关控制
5月5日	广东人民医院口腔颌面外科主任被尾随回家，被砍30多刀，经43小时连续抢救无效身亡，众多医学界人士和广州市民自发前来悼念	凶手行凶后，直接跳楼身亡，据报道，凶手一度被收进精神病院治疗
5月18日	湖南邵东县人民医院五官科患者家属因治疗问题与医生起争执，辱骂殴打医生，致其口部鼻部血流不止，经专家全力抢救无效死亡	三名嫌疑人已被警方刑事拘留，三名嫌疑人中两人18岁，一人19岁
7月21日	河北衡水第四人民医院骨科医生，被13年前的病人李某连捅数刀，肩胛骨、胸骨、手臂、手肘被砍断，颈动脉破裂失血过多死亡	犯罪嫌疑人被抓获，以涉嫌故意杀人罪被批准逮捕
10月3日	山东原莱芜市莱钢医院儿科医生被病人父亲砍27刀，抢救无效身亡	银山公安组成专案组全力侦办
11月2日	湖南湘中煤炭医院一患者家属携刀具闯进办公室将医生捅伤	犯罪嫌疑人被刑事拘留
11月20	川大华西医院呼吸内科某患者家属不相信医务人员配药，以监督护士配药为名，强行进入治疗室，被阻拦后推撞治疗室大门，撞伤护士左额眉骨，缝合8针	郑某某被治安拘留10日
11月22日	山西长治一女医生因拒绝患者家属"按百度治疗方法进行治疗"的要求，被刺9刀，导致心脏破裂	犯罪嫌疑人自首，以涉嫌故意杀人罪立案侦查

（3）主流媒体转载报道医疗界"正能量"

2015年9月18日，浙江省儿保心脏外科副主任医师石卓手术室里用手机哄2岁女孩照片走红，《人民日报》、新华网、凤凰网、网易等各级媒体纷纷转载，获得网友点赞。

2016年5月9日，一张医生瘫坐在地上喝葡萄糖的照片在网上引起关注，据拍摄者说，这名医生忙碌一天的手术后，累得虚脱，喝葡萄糖补充体力。

2017年12月12日，央视新闻网发布一张照片：一位3岁的男孩突发高烧送医，为避免孩子窒息，医生将手指伸进孩子嘴里帮他抵住舌头。手指被死死咬住，但医生仍忍痛为他治疗。康复后，小男孩和医生面对面互行鞠躬礼，画面单纯而美好，感动了很多人。

2018年3月26日，《人民日报》发表《最美姿势！威海医生跪地手术刷爆微信朋友圈》，画面中，威海市耳鼻喉科医生陈志远跪在地上手术，网友感动之余，将之称为"最美姿势"。

3. 各类视频作品展示医生真实工作情况

（1）医疗自媒体自行策划短视频重塑医生形象

2016年11月3日，中南大学湘雅医院在关于"空中医疗救援"的微博直播创下4万次的点击率。

2016年12月至2017年11月，四川大学华西医院、北京协和医院等自行策划18场直播，内容涵盖医患互动、专家日常科普实验等。

2017年9月11日，山西省中医院改编医生版《成都》，以医生群体的视角唱出对自身形象的解读。医院通过具有医生群体代表性的方式和风格化的表达方法对文本进行二次创作，引起公众共鸣。

2017年12月3日，梨视频平台上的"医视频"等订阅号围绕医生的日常定期拍摄短视频，《身在医护圈，谁能逃脱夜班的魔爪》以漫画形式配上幽默的语言自嘲医生加班加到吐血的工作状态。这些短视频在两分钟以内以直观的方式展现医生的真实形象。

2018年12月21日，河南省胸科医院拍摄了《舌尖上的医生》等多部以医生为叙事主体的微电影，"不挑食、不挑点，来之能吃、吃后能战，战之能胜"等话语的运用让公众体会到医生群体的职业形象。

（2）重磅影视作品让医生正面形象走进广大观众心中

2017年，连续两款医疗题材的电视连续剧《急诊科医生》《外科风云》引爆网络，让亿万观众直观感受到医生这个职业的特殊性和其中的艰辛付出。特别是《急诊科医生》，该剧表现了"纱布门""医闹""护士被打"等多个现实题材，有效拉近了医生与普通人之间的距离，增进了职业理解，树立了医生的正面形象。

（三）主要启示

医患关系是舆情关注的重要关系之一，从上述梳理中发现，之前医患关系面临较大的舆情压力，但随着全媒体时代的发展、医生自媒体话语权的构建，医生形象逐步得以重新构建。从中我们可以得到几点启示：

1. 转变话语权被动处境，寻找途径发声才能突围

在网络环境下，医德沦丧的个案被泛化，质疑医生似乎已经成为公众的习惯性思维。这种畸形的认知也部分归因于医方放弃话语权，任由社会公众误解。所以，在舆情事件的处理中，医务人员应学会及时发现舆情，第一时间发声，掌握舆论主动权。

以2016年山东"纱布门"案例为例，不同于往常的医疗事件，这次涉事医院不再被动接受媒体和网民的"口诛笔伐"，而是选择主动利用自媒体发声，很快还原了事件真相。

2. 一味迎合不可取，辨别情绪深挖事件真相更重要

情绪化的民意表达是相对于理性表达而言的，基于事件模糊认识或非理性判断的舆论若占据"第一印象"，尤其经网络媒体传播后，将呈裂变式扩散，造成群体极化。因此，在处理医患舆情时，也要注意辨别真实情绪，把握实质。

就"西安医生自拍事件"来说，网络爆发时间为12月20日，有关部门在21日即作出通报处罚，反应迅速，态度坚决。主流媒体快速介入和卫生局果断处理，似乎迎合了当下"快"时代的节奏。但是尽管"西安医生自拍事件"涉及较为敏感的医患关系，网民观点并非一边倒地谴责与批评，

尤其是医生痛哭自述拍照缘由后，不少网民持同情和理解的态度，争议开始发酵。有人认为，不应把简单问题复杂化，对自拍应多作善意解读等。又比如，近年来各类媒体刊发历年十大医闹事件，在真实调查、深挖真相的基础上，向广大群众客观澄清缘由、案件真相、后续处理等，正确引导社会群体对医患关系的认知，可以说是从真实发生的"医闹"事件入手，以退为进，侧面维护了医生的正面形象。

所以，针对涉及人、涉及敏感行业领域的突发事件，应把重点放在调查事件的来龙去脉上，告知公众结果与抚平双方情绪同时下手，而不应仅为了息事宁人进行"灭火式公关"。

3. 抱团取暖构建舆论场，主动宣传医生正面形象

在医患舆情中，通常由于媒体的"十面埋伏"，医生的声音显得微弱无力，医生被误构的形象是多种传统媒介和网络媒介共构而成的"他者化"表征，在社会舆论"一边倒"的情况下医生的负面形象彻底掩盖了正面形象。在新形势下，医疗群体主动利用自媒体平台，联合媒体、"意见领袖"构建正面的传播场域，创造出了全媒体时代医生形象宣传的新策略。一方面，借助自媒体兴起，各大公立医院充分利用医院内部的素材和资源，以医护人员出镜的方式拍摄微电影，开启专家直播、空中救援或紧急救援全过程直播等，在微信公众平台、短视频、直播等平台，让"医生讲述自己的故事"。同时，医护群体也积极利用自身朋友圈，及时记录日常工作中的真实状态、真实情感和医患之间温馨的瞬间等，以平等的视角让医生群体与患者有了更多的沟通机会，进一步打破以往媒体塑造的"医生强患者弱"的镜像，逐步扭转公众对于医生的媒介印象，拉近医患关系。另一方面，由行业"大 V"引领的群体"抱团取暖"形成正面的宣传阵地，及时发布真实信息，引导医患舆论走向。2016 年 7 月 23 日，《华商报》记者发布《产妇大出血时医护人员玩手机》新闻，同时配发图中的护士正全神贯注地看着手机的图片，即刻引来铺天盖地的对医务人员的愤怒声讨，"烧伤超人阿宝"通过一天的时间，用可靠的渠道获得了事件的完整过程，并撰文将其发布在了自己的微博中，澄清真相，维护了医院形象。三是卫计委主动协调各类资源，制作关于医疗界的重磅电视剧，引爆网络的同时，

引起广大民众的反思和共情，有效缓和了对立情绪，有利于建立良好的医患关系。

六、万州公交车坠江谁来"背锅"

在自媒体发达的"后真相时代"，各路媒体往往选取最具争议性和话题性的新闻标签吸引眼球，迅速带动网民形成或肯定或否定的舆情浪潮。"万州公交车坠江事件"就是该背景下的一起典型案例，各路媒体根据有限的信息勇做"侦探"，先后将公交车坠江归责于"女司机"、公交车驾驶员等。案情一波三折，最终水落石出富有戏剧性，但是对并无过错的"女司机"、公交车驾驶员的口诛笔伐和人身伤害已成事实。

（一）案例背景

2018 年 10 月 28 日上午 10 时许，重庆万州一辆公交车坠江，造成 15 人死亡，引发社会各界的普遍关注。在事故发生后的 7 天中，就事故发生原因，网络舆论发生多次"戏剧性"反转，事后回味让人唏嘘。

（二）案例回顾

1. 突发事件舆情的酝酿萌芽
时间：2018 年 10 月 28 日 10 时 08 分—11 时 27 分。
事件：重庆市万州区一辆载有 15 人的公交车突然与轿车相撞后坠江。
当事人：尚未明确。
媒体反应：不到 1 小时网络自媒体爆料；一些新闻媒体跟进简要报道突发状况。
舆情反应：极具话题性的公共安全事故突发并被各类网络媒体报道转发，网络舆情热点开始酝酿传播。

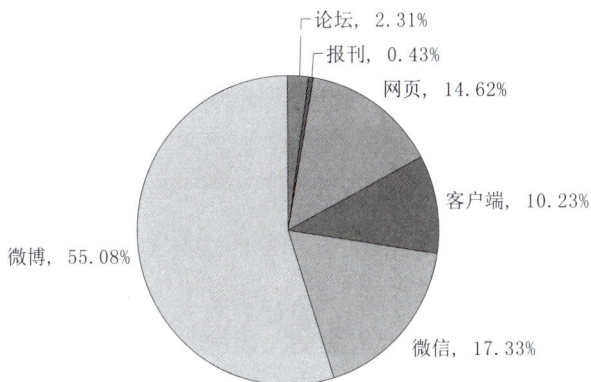

图 5-23　报道万州公交车坠江事件的媒体分布

注：数据来自 2018 年 11 月 22 日 "清博指数" 关于 "重庆大巴车坠江"
的舆情分析

2. 网络舆情第一次爆发：事故原因直指 "女司机"

时间：10 月 28 日 11 时 27 分—17 时 46 分。

事件：在公交车坠江之后，各网络平台及主流媒体争先对该事件进行
了报道，报道大都指出桥上的一辆红色小轿车逆向行驶是公交车坠江的主
要原因。报道一出，网络舆论呈现出对轿车女司机进行怒骂、指责、抱怨
等负面态势。

当事人：轿车女司机、公交车男司机。

媒体反应：事件公布后，以《人民日报》《新京报》《中国青年报》
《中国日报》、环球网为代表的官方新闻媒体和以梨视频、微博大 V 为代
表的各类营销号和自媒体相继发布相关新闻报道和评论，将事故原因明确
归咎于红色小轿车逆行，"女司机是凶手""逆行""女司机""高跟鞋"
个个击中舆论中心，矛头直指女司机，引发了本事件的第一次舆论高潮。

舆情反应：有文章指出 "现场照片显示女司机穿的是高跟鞋。这引
得网上舆论山呼海啸般地对所谓 '肇事女司机' 予以谴责，以致整个女司
机群体跟着倒霉"。社会对女司机群体的 "污名化" 集体记忆被唤起，大
量网民跟进导致针对女司机的负面舆情高涨，网络舆情呈现出攻击女司机

和同情男司机的两极化态势。"女司机"一词资讯指数也在这一天达到了顶峰。

图 5-24　网络舆论矛头直指"女司机"（网络评论截图）

应对处置：10 月 28 日 13 时起，交通运输部与重庆市交通局积极开展救援工作，私家车女司机被警方控制作进一步调查，负面舆情稍有缓解。

3. 舆情第二次反转：事故归因转向公交男司机

时间：2018 年 10 月 28 日 17 时 46 分—11 月 2 日上午。

当事人：轿车女司机、公交车男司机。

应对处置：10 月 28 日 17 时 46 分，警方调取多方监控视频用动画短视频还原事件，第一时间通过"平安万州"通报案情，公布立交桥上监控视频和公交车坠江前正面撞击的视频，经初步调查，事故原因系公交客车在行驶中突然越过中心实线，撞击对向正常行驶的小轿车后冲上路沿，撞断护栏坠入江中，还女司机清白。

10 月 28 日 19 时—11 月 1 日，搜救打捞工作全面铺开。其间，公交车黑匣子被找到（但尚未公布），遇难者遗体被陆续打捞。

媒体反应：各大社交平台流传网民自发上传的行车记录仪上的短视频，政府部门发布的公交车坠江前正面撞击的视频，引发人民日报、头条新闻等媒体和网络大 V 转载传播，舆论方向开始转变，涉事自媒体和新闻媒体开始道歉和删帖，打捞救援工作开始后，更多的重量级主流媒体介入关注，新闻反转快速引发第二次舆论高潮。

舆情反应：桥上视频公布后，网民哗然。10 月 29 日，轿车女司机丈夫熊某接受采访，要求造谣媒体道歉。10 月 30 日，轿车女司机解除控制平安回家，事故原因仍在调查当中。此时，网上"北青深一度"又有报道披露公交司机的部分情况，其中有"事发当天凌晨 5 点 24 分，冉姓驾驶员曾登录某 K 歌软件，并演唱了一首《再回首》"，引起评论质疑公交车司机是否"疲劳驾驶或阴影驾驶"，网络舆情倒转为同情女司机和抨击男司机的两极化态势，且出现第一次舆情热度峰值（如下图"万州公交车坠江事件的舆情走势"所示），网友们开始质疑和质询事故发生的具体真相，打捞救援工作开始后，舆情迅速回落进入观望期。

坠江公交司机5点多网上K歌《再回首》，四个半小时后事发

2018年10月30日，重庆万州坠江公交车打捞现场，工作人员紧张救援中，视觉中国 图在最后21秒视频中，行驶中的22路公交车突然向左转向，越过路中间黄实线，在撞击了迎面驶来的红色小轿车后，冲破护栏，坠入江中，整个过程没有减速。生死瞬间，坐在方向盘前的正是有24年驾龄的公交司机冉某。据万州公安交巡警支队通报，冉某初次领驾驶证的日期为1994年10月1日，冉某的籍贯对深一度记者说：大约6年前，冉某作为公交司机，开始驾驶22路公交车。事发当天凌晨5点24时，冉某曾登录某K歌软件，并演唱了一首《再回首》，深一度记者通过其好友李清（化名）确认，K歌软件上网名为"龙行天下"的42岁男子，正是此次坠江公交驾驶员冉某。四个半小时后，冉某驾驶的22路公交车在万州长江二桥上坠江，一同落入江中的，还有车上14名乘客，其中可能包括至少两名婴儿，一个3岁，一个1岁。

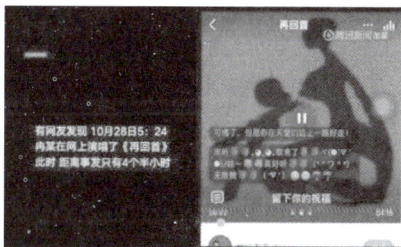

凌晨5点24分，冉某唱《再回首》。北青深一度 图事发当天凌晨5点24分，K歌软件记录下了冉某的最后一项社交活动，他登录软件并演唱了一首《再回首》，四个小时后，坠江事故发生，冉某好友李清（化名）向深一度记者确认，K歌软件上网名为"龙行天下"的42岁男子，正是22路公交车驾驶员冉某。其个体签名为：没事的时候唱唱歌可以缓解压力，过去6个月，冉某一共发布了29个歌唱作品，其中，第一个作品《掌声响起来》发布于今年4月13日。10月27日21时44分，冉某在K歌软件上发了作品《再回首》，并发状态表示没唱过，28日5时24分，冉某又发了一遍《再回首》，称自己"没唱好"，这首歌也成为冉某的最后一个作品。在冉某的个人相

图 5-25 "北青深一度"网上披露公交车司机唱 K

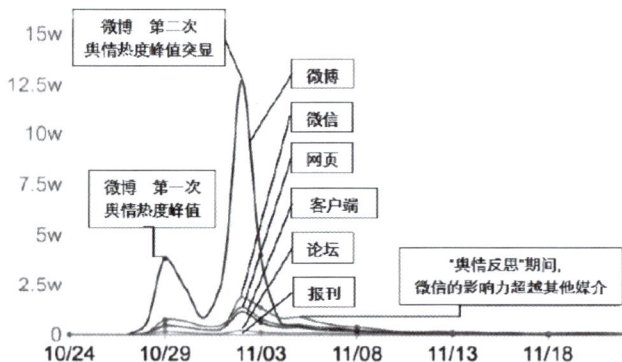

图 5-26 万州公交车坠江事件的舆情走势

4. 舆情第三次反转：负面舆情直指公交车上的女乘客

时间：2018 年 11 月 2 日上午—24 时。

当事人：公交车男司机、与司机冲突的女乘客、其他乘客。

应对处置：11 月 2 日上午，当地政府召开事故原因新闻通气会，公布了公交车黑匣子数据，还原了全部事实真相。事故起因是女乘客刘某因错过下车地点要求停车被拒，与驾驶员发生争吵，刘某用手机攻击驾驶员，双方遂发生抓扯并在公交车继续行驶时展开"全武行"。一边阻拦并还击的冉姓驾驶员用右手往左侧急打方向盘，导致车辆失控向左偏离越过中心线，与对向正常行驶的红色小轿车相撞后，冲上路沿，撞断护栏，坠入江中，导致全车 15 人无一生还。

媒体反应：相关视频公布后，重量级媒体给予率先报道，人民网、"平安万州"、"重庆发布"等媒体和政务微博公开了公交车坠江原因和车内黑匣子视频，公交车内仅仅 6 秒的短视频还原了事发时公交车内的真相，粉碎了谣言。头条新闻、央视新闻媒体和网络大 V 对新闻进行转载，引发第三次舆论高潮，舆情达到顶峰。

同时，新华网、央视新闻、人民网、中青在线等媒体利用短视频对搜救现场的情况和不断更新的伤亡状况进行播报，对公交车起吊的哀悼视频进行及时跟踪报道。

舆情反应：网民"惊闻"事实真相，第三次舆情热度峰值凸显，舆论场再次被点燃。这次反转无关"女司机"，也没有变成对公交车男司机的正面评价，新一轮负面舆情已完全偏转到了互殴的女乘客、男司机及普通乘客身上。至此，针对车上众人舆情彻底反转，"女司机"退出舆论中心。

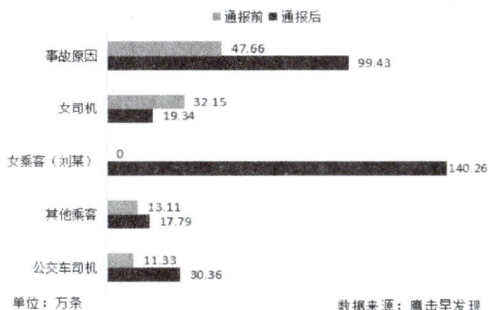

图 5-27 当地政府新闻通气会后社会关注点转移出现第三次舆论高峰

5. 舆情趋于理性：主流媒体引导反思

时间：2018 年 11 月 2 日及之后。

当事人：广大网友。

应对处置：准确发布后续工作安排，积极开展舆论引导；科学制订方案，继续全力搜救失联人员，细心安抚遇难者家属，做好善后工作。

媒体反应：新华社、人民日报、央视网等中央级主流媒体就该事件引领社会公众进行全面深刻的反思，其他新闻媒体和自媒体也纷纷跟进讨论。

舆情反应：中央级主流媒体连续发布多篇反思文章（如下表所示），阅读量均达10万以上，且被各类微信公众号转发。主流媒体的舆论引导，令舆情逐渐趋于理性。11月2日后，关于重庆万州公交车坠江事故极端分化的舆论声音逐渐消失，舆论回归正常轨道。

表5-5　中央级主要媒体关于万州公交车坠江事件的反思

时间	媒体名称	文章题目	网络阅读量	网络点赞量
11月2日	人民日报（来源新闻晨报、新华社）	这一脚，踢得好!	10万+	35284
11月2日	新华社	错过一站，莫错过一生	10万+	10781
11月2日	新华社	痛!	10万+	10744
11月2日	央视新闻	对一人之戾，每个人都不是看客，法律也亟须补位!	1万+	7353
11月2日	人民日报评论	追问重庆公交坠江悲剧：我们是否需要一场文明革命?	10万+	4896

资料来源：截至2018年11月20日24时，"中国应急管理"微信公众号以及"新华社"微信公众号原帖及数据资料。

（三）主要启示

近几年，以微博、微信为代表的新媒体崛起，为信息表达主体赋权增能的同时，陡增了流言扩散概率，增加了舆情表达的爆燃程度。万州公交车坠江事件除了案件本身的严重性引起社会的高度关注之外，由案件引发的一系列问题，如媒体的错误报道和引向、网民的舆论暴力及后续舆情的多次反转同样值得关注。从这起典型案例中，可以得出几点启示。

1. 充分认识网络舆情的复杂性

网络的兴起，为网民的情绪和态度提供了前所未有的自由、即时、交互、开放的舆论场。截至 2019 年 6 月，中国网民数量达 8.54 亿。网民素质参差不齐，网络社会监察程度低和道德规范的滞后，匿名环境下的责任分散更是让大量网民降低了对表达的约束力、反省力甚至带来了越轨、失范行为。

回顾万州公交车坠江事件，短短几天，相继对女司机、公交车驾驶员、殴打司机的中年妇女等当事人的谩骂、人身攻击甚至人肉搜索，都是以网络群嘲面目出现的，此时的网络舆论表达呈现出极端、排斥、狂热的特点。比如，网友们在案件最终原因没有被证实的前提下，未加以理性判断就引爆"口水战"，对女司机、"殴打司机的妇女"及整个女性群体进行谴责与谩骂，甚至上升到人身攻击的程度，给女司机及其家属带来极大困扰。"马路杀手""垃圾人""人渣"这些符号不但造成了谣言传播，也撕裂了社会信任基础。在新闻进展过程中，网民们又对《人民日报》《新京报》等媒体的错误报道加以过激谴责。最终，当情绪发泄完毕之后，大家便不再顾及事件的结果，纷纷离开舆论场，留下"一地鸡毛"，造成的社会影响极其恶劣。

因此，要充分认识到当下网络生态的复杂性，可能"事实"之后还有事实，"真相"不一定就是真相。特别是在舆情处置中，切不可轻易下定结论，一旦稍有失足，很可能导致全面被动。

2. 全面树立政府发布的权威性，用真实信源做好关键节点的舆论引导

在网络传播时代，社会化媒体不断发展，成为网民获取信息的重要渠道，但是政府官方发布的消息依旧是最重要最权威的信息来源。在某个热点事件发生时，媒体和社会公众都期待政府给出最权威、公正的回复。而发生舆情反转的事件，往往都是因为新闻报道前期，政府没有在第一时间

发表意见，或者轻易表态但意见说法较为含糊、不够明确、未调查清楚，从而使事件在网上没有统一的定论，导致各类舆情表达众说纷纭。

比如，万州公交车坠江事件突发之初，当地官方新闻媒体"平安万州"最初的一篇报道表明大巴车是在万州长江二桥与一辆红色小轿车发生碰撞后坠入江中，且红色小轿车的女司机已被警方控制，事故原因正在调查当中。尽管报道称"事故原因正在调查中"，但仍有大批媒体抓住了文中主动点明的"女司机"，相继发布相关新闻报道和评论，将事故原因明确归咎于红色小轿车逆行，错误引导舆论走向。

因此，遇到突发事件，政府部门要充分认识到"关于舆情事件进展的任何信息，都可能被视为有效信息加以传播"，不仅要第一时间掌握主动权，更体现在事件发生时迅速调查事情真相，要在确保所发布的信息真实有效、权威可靠、具有说服力和信誉力的基础上，积极配合媒体"主动表态"，绝不能在含糊中"轻易表态"，释放碎片化信息，以免造成舆论误导的滋生空间。此外，政府还应充分保障公众的知情权，在过程中持续发布最新的调查结果，耐心解答公众的质疑，做到信息透明化，使媒体和公众充分了解真实进展，切忌采取封锁信息的方式或者秉持"不发表意见"的态度，以免造成负面舆情的反作用力。

3. 切实提高媒体专业性，增强主流媒体对网络空间的舆论引导

当下，不论是传统媒体还是新媒体，出于对时效性、吸引力的过度追求，大都乐于报道存在敏感话题的社会新闻，建构具有冲突点的报道框架，增加易引发社会争议的新闻标签，从而获得广泛关注。"眼球效应"已成为各类媒体平台争夺受众的主要法宝。

本案例中，少数媒体为追求时效，未经深度调查和采访而仅仅通过汇集网络中流传的碎片化信息，加以个人的猜测和想象进行报道，使主体偏离事件的原始真相，把客观事实和理性思辨抛在脑后，追求客观、倡导理性以及"把关人"的作用消失殆尽。比如，本案中梨视频等新媒体公然报道假新闻"万州区政府回应原因：系小车逆行"，极大地误导了舆论。

因此，在舆论引导中除了发挥政府职能之外，还要进一步发挥主流媒体对网络空间的舆论引导力。针对社会热点话题，主流媒体应坚持新闻专

业性，不迎合自由媒体所追逐的时间和经济效益，做引领方向的权威信源。首先，快速掌握话语主动权，发挥专业团队和成熟运行体系和管理模式的优势，向用户传递正确的世界观和价值观，发布最权威的官方新闻报道，提升自身权威性和控制力。其次，主流媒体新闻记者应带头提高自身专业素养，以客观公正的态度传播信息，在报道新闻之前进行实地调查，不听信网络上流传的小道消息，不加以自己的主观臆断，保证新闻的真实性。最后，当出现虚假报道或偏激言论时，主流媒体应及时澄清，承担起揭露事实、报道真相的责任，及时规范和引导舆情，占领舆论话语权，促进受众从感性向理性的转变。

4. 深刻反思事件发生根源，推进后续立法防范工作

尽管大量舆情反转事件都会以不同程度的反思而告终，但这些反思往往浮于表面、浅尝辄止。下一次舆情来临时，媒体与部分公众犯下的错误还会似曾相识。万州公交车坠江事件所折射出的新闻把关人职责丧失、污名化造成的有罪推定、藐视规则、社会戾气、看客心态、网络暴力等问题，并不是第一次，也不是最后一次，其核心最终指向了整个社会的文明与法治。

值得欣慰的是，政府部门全力做好善后工作，相关部门第一时间按照部署，严格落实公交车乘务管理人员配备要求，规范配备标准和组织实施，加强培训管理；推进公交车安装驾驶区隔离设施，切实提升防范打击能力，提高应急处突效率；最高法、最高检、公安部联合出台《关于依法惩治妨害公共交通工具安全驾驶违法犯罪行为的指导意见》，对以暴力方式影响正在行驶的公交车安全驾驶的，一律依法立案侦查。

一次"闹剧"般的舆情事件，没有被"一忘了之"，而是真正推动了公共交通工具上的安全，促进了社会进步。

七、为"一带一路"建设营造友好的舆论氛围

2013年，"一带一路"作为一项重要的国家战略被提出并被赋予新的时代内涵，中国领导人多次在重要场合传播"一带一路"的平等、合作、共赢的理念。但是，国际上仍然有一些"杂音"，给"一带一路"带来干

扰。本案例展示中国如何通过多种途径反复宣讲，消除顾虑和质疑，为"一带一路"营造良好的舆论氛围。

（一）案例背景

推进"一带一路"建设，是党中央、国务院根据世界形势深刻变化，为统筹国内国际两个大局提出的重大倡议，意义非凡。

2013年9月和10月，国家主席习近平分别提出建设"丝绸之路经济带"和"21世纪海上丝绸之路"的合作倡议。"一带一路"（The Belt and Road，缩写"B&R"）是"丝绸之路经济带"和"21世纪海上丝绸之路"的简称，旨在借用古代丝绸之路的历史符号，高举和平发展的旗帜，积极发展与沿线国家的经济合作伙伴关系，共同打造政治互信、经济融合、文化包容的利益共同体、命运共同体和责任共同体。

近年来，随着国际形势的变化和"一带一路"建设的不断推进，国际舆论中尚有一些认知错误，"一带一路"建设中的舆情风险也在不断地发酵、传播和扩散，需要相关部门和主流媒体不断予以回应和引导。

（二）案例回顾

1. 部分外媒的错误认识和观点

（1）部分外媒认为，"一带一路"是中国与美国的重要竞争。如2015年5月28日，VOA（美国之音）卫视在《第二小时》节目中指出："美中之间除了军事上的紧张，在经贸上也早已展开竞争，除了TPP、东盟、'一带一路'、亚投行等国际经贸组织的竞逐，美中也在汇率、钢铁、新能源产业等领域有诸多摩擦。"

还有美国舆论提出，"一带一路"的意图旨在抗衡美国"亚太再平衡"战略，认为"一带一路"是中国在美国主导力缺乏、区域合作机制化程度较低的中亚、南亚、中东及其他地区推行一体化战略，中国意在以经济合作为先行力扩大自身影响力，逐步带动政治和安全领域的协作，目的在于与美国进行陆海战略空间的权力分享。

（2）部分外媒认为，"一带一路"会侵蚀国家主权。比如，印度对"中巴经济走廊"怀有不满情绪。2017年6月6日，印度外长斯瓦拉吉声称"中巴经济走廊"穿越了印度声称拥有主权的克什米尔部分地区，"没有国家能接受一个无视其主权和领土完整核心利益的项目"。同年12月22日，在印度外交部的记者会上，发言人库玛尔也因此重申了对"一带一路"的拒绝态度。一些媒体担忧中国力量进入印度洋，认为"一路"将影响印度洋海上安全形势，"一路"可能平衡跨太平洋伙伴关系协议（TPP）的影响力。

（3）部分外媒担忧中国通过"一带一路"实施"经济控制"或是意图掠夺当地资源等。比如，路透社质疑"一带一路"项目不透明，只为中国企业服务，挤出其他国家公司在相关项目的竞标。美智库发布研究结果称，"一带一路"投资在中亚可能会有三成以上亏损，南亚和东南亚国家可能有五成以上的亏损。

2. 中国反复强调一贯主张和逐个释疑

（1）主张"一带一路"是经济合作，不是地缘政治战略工具

2015年3月21日，中国外交部副部长张业遂在中国发展高层论坛"变革世界中的新型大国关系"发言时表示，"一带一路"是经济合作倡议，不是地缘战略的工具。中国没有特别的地缘战略意图，无意谋求地区事务主导权，不经营势力范围，不会干涉别国内政。

（2）"一带一路"与其他倡议及机制的合作呈开放性姿态

中国欢迎现有倡议和机制发挥多边合作的延展效应。针对联合国、世界银行、亚洲开发银行等国际和地区组织，积极营造"一带一路"建设中多方参与的氛围，探索与相关组织框架下现有倡议、项目等开展合作的可能性和方式。

2017年12月20日，外交部发言人华春莹在记者会上也再次强调，"一带一路"倡议旨在促进沿线国家的基础设施建设和互联互通，对接各国政策和发展战略，实现共同发展。中方秉持共商、共建、共享原则推进"一带一路"合作，从来没有也不会寻求建立一国主导的规则。"一带一路"倡议不是要搞什么"小圈子"，也不针对任何国家，而是开放、包容的。

2019年4月26日，习近平主席在北京出席第二届"一带一路"国际合作高峰论坛开幕式，在主旨演讲中也指出，要秉持共商共建共享原则，倡导多边主义，通过双边合作、三方合作、多边合作等各种形式，聚沙成塔、

积水成渊。要坚持开放、绿色、廉洁理念，不搞封闭排他的小圈子，坚持一切合作都在阳光下运作。

（3）主动突出"一带一路"的和平共赢性质

针对相关误读和疑虑，在多个权威渠道发布消息主动强调倡议的合作性、开放性、非排他性和互利共赢性，淡化零和博弈及对抗色彩，避免部分舆论将倡议政治化、战略化，甚至军事化。进一步强调中美在倡议所涉及的东南亚、中亚、中东等地在反对恐怖主义和极端势力、阿富汗问题、能源通道安全及供给稳定、互联互通等领域拥有巨大的合作潜力；进一步强调中俄在中亚合作的协调性和非竞争性，并欢迎俄参与"一带"建设的务实合作项目；积极从中印现实出发，阐明双方在区域经济融合、互联互通、能源资源消费及进口等领域的利益交汇点；与沿线存在争端的国家妥善处理好影响"一带一路"建设的敏感问题。

（4）数说"一带一路"已经取得的成就

2019年2月，"一带一路"网制作《数说"一带一路"成绩单》，从朋友圈数量、基础设施建设、贸易总额、金融体系、留学成果等方面展示"一带一路"给沿线国家带来的深刻变化。

（三）主要启示

1. 利用信源优势，主场引导国际舆论走向

在国际话语权争夺的过程中，充分利用东道国主场外交中信息、资源和渠道的自主性等优势。根据基本行业准则，外媒在报道时必然要引用东道国的政府声明和官方态度作为重要的新闻信息源，中国作为主办国，用明确的传播态度、畅通的传播渠道、出色的传播者形成信源合力，有效引导了外媒报道的内容构架。比如，近年凭借2014年的APEC峰会和2016年的G20峰会以及2017年、2019年的"一带一路"国际合作高峰论坛，中国的主场外交频频发出权威声音。在此过程中，尽管有攻击、有质疑，国际各类媒体在描述历年大会的内容和中国政府的具体举措时，议程设置导向上主基调仍以习近平主席讲话内容为主要宣传载体，潜移默化中发挥了主场引导国际舆论走向的作用。

2. 疑点各个击破，主场回应国际舆论质询

目前，对中国"一带一路"的质疑，有些是外媒对"一带一路"背景知识的缺乏，有些则是对真相的有意曲解。针对这样的国际舆论形势，中国第一时间整理、罗列出外媒最典型的质询，用具体的事件、精确的数字、生动的图表来回应国际舆论界的种种质询。如针对"一带一路"的投资意图和能否切实造福沿线国家人民的质疑，回应中清晰指出，中国央企在"一带一路"相关国家的投资，促进沿线地区 33 万人就业；央企海外用工 38 万，当地员工占 85%；作为东非铁路网的起始段，蒙巴萨-内罗毕铁路为肯尼亚 GDP 贡献将超 2 个百分点。通过正面澄清，有效解答疑惑，消散谣言。

而针对美国国务卿蓬佩奥多次抹黑中国"一带一路"倡议，外交部发言人耿爽则在 2019 年 6 月 27 日硬气回击，"奉劝美方个别人士不要再自弹自唱，自讨没趣"。

3. 加强媒体互动，主场报道参与全球竞合

在当前国际信息传播和流动仍然由西方媒体主导的形式下，一方面，中国积极向外看，充分把握外媒报道的主要意图和新闻框架，将其融入中国跟进型报道中，及时对外媒言论进行回应或驳斥。另一方面，充分利用媒体融合提供的特殊工具和自媒体平台的互动功能，与外媒平台进行积极有效的互动，主动为外媒报道提供基础的素材库，积极引导对方报道框架，与全球媒体进行竞争与合作，团结一切可以团结的力量，共同讲好中国的经济故事。

八、法国"黄马甲"因税而起

（一）案例背景

黄马甲，本是法国的司机配备的一种用于车辆故障时紧急避险用的短袖外套。但是自 2018 年 11 月 17 日开始，"黄马甲"迅速成为一场声势浩大抗议运动的政治符号。数以万计的法国人首次通过社交媒体自发组织，

身穿黄马甲走上街头，以抗议政府增加燃油税为开端，并演变为发泄对政府多项行政举措的不满。持续的大规模街头抗议活动引发了严重骚乱，酿成了自1968年"五月风暴"以来的半个世纪中法国最大的社会动荡。之后，该运动还蔓延到德国、荷兰、比利时等国家，几乎波及整个欧洲。

（二）案例回顾

1. 第一阶段：运动的早期酝酿

2018年5月29日，一位名叫普利西莉亚·卢多斯克的年轻人因对高油价不满，在"脸书""推特"等互联网平台发出公开信，要求免除新加收的每升0.76欧元的柴油税。同时发起网上联名请愿活动，并很快征集到了23万份签名支持。公开信虽然在网上持续扩散，并于10月份获得超过115万人次的支持，却一直未得到政府回应。

2. 第二阶段：运动的导火索及其爆发

2018年11月中旬，法国政府宣布从2019年1月起将对燃油加征二氧化碳税，汽油和柴油的税率分别为3.9%和7.6%。这将导致每升汽油上涨2.9欧分、柴油上涨6.5欧分。

社交媒体上再次发出了抗议的声音，并且得到了广泛的回应，抗议运动有由线上向线下蔓延的态势。

2018年11月17日星期六，按照社交媒体上的约定，28.7万法国民众身穿黄马甲走向街头，在多个地区和城市进行了首次集中示威抗议活动，造成2人死亡、400多人受伤。此后的几个周六，都爆发了超过10万人次的抗议活动。

3. 第三阶段：政府的妥协与运动新诉求的提出

2018年12月4日，法国政府宣布停止燃油税上调等计划，向抗议者全面妥协。措施包括：燃油税上调计划将被冻结6个月；车检改革以及电费和天然气涨价计划被叫停等。

但是，这些退让没能让抗议者满意。示威民众并不收兵，继而提出新的诉求，比如要求上调最低工资标准、增加社会福利、降低税收、放松大学入学限制等。大规模示威活动再次发起，且伴随着大量的暴力和破坏性活动。

2018 年 12 月 10 日，迫于形势，法国总统马克龙发表电视讲话，作出了更全面的妥协，主动承认未能关注民间疾苦，对事态负有责任。同时宣布了以加薪减税为核心的系列举措，承诺政府将提高最低工资标准、降低退休金税额、停止向低收入者加税。

随后，运动规模一度出现衰减趋势，但是一直持续了 25 周到 2019 年 5 月份，期间"黄马甲"运动还进一步扩散到荷兰、比利时等周边国家，给整个欧洲带来巨大的损失。

（三）主要启示

政府加收燃油税是本次法国"黄马甲"运动的直接导火索。这并不是偶然，梳理古今中外历史事件，"因税而起"的社会剧烈变动不胜枚举。1627 年，为反抗明王朝地权集中赋税繁重，李自成以"均田免赋""五年不征"作为政策纲领，集结起义军打进北京城；1776 年 7 月 4 日，美国《独立宣言》控诉英国国王"未经过我们同意便向我们征税"；1789 年 7 月 14 日，法国人民不堪税收重负爆发法国大革命，后颁布《人权宣言》明确规定征税权归所有公民等等，大革命时期最响亮的口号就是"不自由，毋宁死"和"无代表权，不纳税"。

历史和现实一再表明，税收是社会大众关注的焦点；税收政策过去是、现在是、未来将永远是关系国计民生最敏感和最尖锐的话题；税收是稍有不慎就会导致社会潜在矛盾激化的催化剂。

从这个角度来说，税务是一种"高危职业"。美国前国税局长查尔斯·O.罗索蒂在工作笔记《绝处逢生》开篇序言就写道："1997 年 7 月 3 日，当宣布任命我为国税局局长时，就有一位记者问我：'你是不是当过兵？要是当过兵的话，你是不是还主动加入过敢死队？'"更加说明税务工作的挑战性。

因此，税务部门特别是基层税务部门和干部，应更加重视日常工作的敏感性，精心论证制定好每一个税收政策，认真细致做好每一次纳税服务、耐心妥善处置好每一个征纳争议；同时，要继续加强税收宣传和舆论引导工作，增进互相理解，助推征纳和谐。

九、快速调查回应平息涉税争议

随着税制改革深入推进、社保费征收等工作划归税务部门、个人所得税综合改革实施等，税务部门管理和服务的纳税人缴费人范围更广、数量更多、金额更大，不可避免会遇到一些争议，而这些争议往往就是涉税舆情的"源头"。

（一）网友微博吐槽税务局工作人员离岗缺岗、推诿扯皮

2019 年 4 月 12 日，微博网友"我是小飞燕 yeah"发微博称某市税务局办税服务厅一名戴眼镜的女性办税人员在上班期间玩手机，对业务不熟悉，互相推诿。

当日，当地税务局发现这一微博后，立即将相关情况告知办税服务厅，办税服务厅负责人迅速安排多名工作人员在办税大厅现场寻找该纳税人，未果。下午，该办税大厅工作人员调取上午事发时间段的视频监控，并与相关人员反复甄别，确认该纳税人为中铁某局的办税人员邵某。经询问为邵某办理业务的前台工作人员，确认邵某因未带齐所需相关资料，所以没有成功办理业务，现场工作人员已一次性告知该纳税人办理业务所需资料，并不存在纳税人所反映的推诿扯皮的情况。视频监控也显示前台工作人员并没有玩手机等违纪情况。

4 月 13 日上午，办税服务厅工作人员通过电话与邵某取得联系，向其详细解释事发经过，并再次告知办理业务所需全部资料，取得了纳税人的谅解。邵某称，当时也是一时情绪激动，对前台工作人员表示理解，同时立即删除了吐槽微博，并发布相关微博向办税服务厅工作人员道歉。

4 月 15 日周一上午，邵某携带所需资料再次来到办税大厅，成功办理业务。

（二）网络误传"税务总局个人所得税 APP 存在 62 例木马"引发关注

2018 年 12 月 27 日，国家税务总局开发的个人所得税 APP 软件正式上

线，公告称广大纳税人可以在主流应用市场或在税务部门官方网站扫描二维码下载。当日个人所得税 APP 软件在安卓系统和苹果系统下载榜均位列第一。

12 月 28 日，360 烽火实验室发布消息称，其研究团队发现个人所得税 APP 软件被恶意广告木马盯上，目前已检测到 62 例伪装木马样本，可能会引发用户个人信息泄露。当日，词条"税务总局个人所得税 APP 存在 62 例木马"位列微博热搜榜第九名，引发社会广泛关注。

当日，国家税务总局发现舆情后，立即与第三方软件开发公司开展个人所得税 APP 软件测试工作，通过校验及压力测试等方式，核实了软件的安全性，未发现任何木马病毒。

12 月 30 日，国家税务总局通过官方微博及微信回应社会关切称，经查，"税务总局个人所得税 APP 存在 62 例木马"为误传，个人所得税 APP 软件上线以来未发现存在木马病毒问题。同时，国家税务总局提醒广大纳税人，请通过国家税务总局和各省税务局官网及主要手机应用市场下载正版个人所得税 APP，警惕来历不明的二维码链接。当日，词条"个人所得税 APP 存在 62 例木马系误传"登上微博热搜榜。

同日，"360 手机卫士"官方微博也发布公告称，据检测，国家税务总局发布的个人所得税 APP 官方版本是安全的。360 监测发现携带伪装木马病毒的软件来自某些第三方应用市场和恶意网站。

（三）主要启示

税务部门人多、线长、面广、事杂，70 多万干部职工每天在全国范围内与纳税人缴费人打交道，难免会出现各类争议。在"人人都有麦克风"的新传播时代，这些争议很容易就上了网，形成涉税舆情，一不小心就会损害部门形象。因此，税务部门要从形象塑造的角度来开展舆情引导和管理。

1. 把住舆情源头，抓好事前控制

戒骄戒躁，加强沟通了解，就可以处置甚至避免大部分舆情。名医扁鹊赞扬其长兄的医术说"长兄于病视神，未有形而除之"，启示我们要控制"疾病"——舆情的源头。据统计，税务部门 90% 的舆情发生在征纳一线，

其中绝大部分又发生在办税服务厅。

因此，要在办税服务厅环节就树立舆情意识，从压缩排队等候时间、办税"最多跑一次"、落实首问责任制等方面入手，优化纳税人的办税体验。要理解和关注各种类型的办税人员，适时做好解释沟通工作，将舆情控制在萌芽阶段。当然，还要做好办税服务人员自身的情绪引导，及时舒缓心理压力，抓好心理建设。

2. 及时调查还原真相，平息事态

比如，上文所述的"个人所得税 APP 有木马"的舆情，适逢 2019 年 1 月 1 日全面实施个人所得税综合改革前夕，超过 1 亿的个人所得税纳税人都要下载该 APP，而木马病毒则意味着个人填报的如房产、老人、子女、工资收入等信息，都可能被泄露，可想而知该消息的爆炸性和危害性。

对这种具有普遍意义，而且直击"信息泄露""网络安全"痛点的舆情，税务部门必须快速反应，迅速开展自查，及时澄清事实，不仅要单方面权威发声，还应沟通信息发布源头，消除"技术分歧"，取得协同支持，才能迅速制止风波、扼杀谣言、平息事态。面对这类舆情，一旦没有把握黄金处置时间，陷入失声状态，将任由谣言滋生传播，后果不堪设想。

3. 注重日常宣传效果，争取社会支持

2019 年是全国税收宣传月活动开展的第 28 个年头，这些年来，税法"进机关、进学校、进乡村、进社区、进企业、进单位"取得了一定的效果，但是仍然有很大部分纳税人对当前我国的税收现状不了解，尤其是对税收工作不理解，一旦看到涉税舆情，就会归类于"官民之争"，认定涉事纳税人是弱势群体，税务部门存在不作为、滥作为，加速舆情发酵。

因此，税务部门要在形象塑造上下功夫，只有平时的形象正面了，面临舆论危机的时候才有"抗击打能力"。在现有的网络舆论传播环境下，税收在国家治理体系中发挥的基础性、保障性、支柱性的作用，如何说给社会公众听，如何让公众听得进，应该还得从群众喜闻乐见这个角度着手。

当前信息碎片化的传播特点非常明显，公众的注意力转移速度非常快，很少还有人从头到尾仔细阅读一遍宣传稿件，这要求税务部门适应新媒体传播特点，制作适合快速阅读特点的图片、H5 页面、短视频等宣传产品，抓住网友的眼球，达到宣传的目的。同时，参照卫生和公安系统，策划类似于《急诊科医生》这样接地气、能共鸣的写实类电视剧作品，着力塑造真实可信的税务形象。

附录一

互联网管理相关法律法规

互联网信息服务管理办法

中华人民共和国国务院令第 292 号

（2000 年 9 月 25 日发布）

第一条 为了规范互联网信息服务活动，促进互联网信息服务健康有序发展，制定本办法。

第二条 在中华人民共和国境内从事互联网信息服务活动，必须遵守本办法。本办法所称互联网信息服务，是指通过互联网向上网用户提供信息的服务活动。

第三条 互联网信息服务分为经营性和非经营性两类。

经营性互联网信息服务，是指通过互联网向上网用户有偿提供信息或者网页制作等服务活动。

非经营性互联网信息服务，是指通过互联网向上网用户无偿提供具有公开性、共享性信息的服务活动。

第四条 国家对经营性互联网信息服务实行许可制度；对非经营性互联网信息服务实行备案制度。未取得许可或者未履行备案手续的，不得从事互联网信息服务。

第五条 从事新闻、出版、教育、医疗保健、药品和医疗器械等互联网信息服务，依照法律、行政法规以及国家有关规定须经有关主管部门审核同意的，在申请经营许可或者履行备案手续前，应当依法经有关主管部门审核同意。

第六条　从事经营性互联网信息服务，除应当符合《中华人民共和国电信条例》规定的要求外，还应当具备下列条件：

（一）有业务发展计划及相关技术方案；

（二）有健全的网络与信息安全保障措施，包括网站安全保障措施、信息安全保密管理制度、用户信息安全管理制度；

（三）服务项目属于本办法第五条规定范围的，已取得有关主管部门同意的文件。

第七条　从事经营性互联网信息服务，应当向省、自治区、直辖市电信管理机构或者国务院信息产业主管部门申请办理互联网信息服务增值电信业务经营许可证（以下简称经营许可证）。省、自治区、直辖市电信管理机构或者国务院信息产业主管部门应当自收到申请之日起60日内审查完毕，作出批准或者不予批准的决定。予以批准的，颁发经营许可证；不予批准的，应当书面通知申请人并说明理由。申请人取得经营许可证后，应当持经营许可证向企业登记机关办理登记手续。

第八条　从事非经营性互联网信息服务，应当向省、自治区、直辖市电信管理机构或者国务院信息产业主管部门办理备案手续。办理备案时，应当提交下列材料：

（一）主办单位和网站负责人的基本情况；

（二）网站网址和服务项目；

（三）服务项目属于本办法第五条规定范围的，已取得有关主管部门的同意文件。

省、自治区、直辖市电信管理机构对备案材料齐全的，应当予以备案并编号。

第九条　从事互联网信息服务，拟开办电子公告服务的，应当在申请经营性互联网信息服务许可或者办理非经营性互联网信息服务备案时，按照国家有关规定提出专项申请或者专项备案。

第十条 省、自治区、直辖市电信管理机构和国务院信息产业主管部门应当公布取得经营许可证或者已履行备案手续的互联网信息服务提供者名单。

第十一条 互联网信息服务提供者应当按照经许可或者备案的项目提供服务，不得超出经许可或者备案的项目提供服务。非经营性互联网信息服务提供者不得从事有偿服务。

互联网信息服务提供者变更服务项目、网站网址等事项的，应当提前30日向原审核、发证或者备案机关办理变更手续。

第十二条 互联网信息服务提供者应当在其网站主页的显著位置标明其经营许可证编号或者备案编号。

第十三条 互联网信息服务提供者应当向上网用户提供良好的服务，并保证所提供的信息内容合法。

第十四条 从事新闻、出版以及电子公告等服务项目的互联网信息服务提供者，应当记录提供的信息内容及其发布时间、互联网地址或者域名；互联网接入服务提供者应当记录上网用户的上网时间、用户账号、互联网地址或者域名、主叫电话号码等信息。互联网信息服务提供者和互联网接入服务提供者的记录备份应当保存60日，并在国家有关机关依法查询时，予以提供。

第十五条 互联网信息服务提供者不得制作、复制、发布、传播含有下列内容的信息：

（一）反对宪法所确定的基本原则的；

（二）危害国家安全，泄露国家秘密，颠覆国家政权，破坏国家统一的；

（三）损害国家荣誉和利益的；

（四）煽动民族仇恨、民族歧视，破坏民族团结的；

（五）破坏国家宗教政策，宣扬邪教和封建迷信的；

（六）散布谣言，扰乱社会秩序，破坏社会稳定的；

（七）散布淫秽、色情、赌博、暴力、凶杀、恐怖或者教唆犯罪的；

（八）侮辱或者诽谤他人，侵害他人合法权益的；

（九）含有法律、行政法规禁止的其他内容的。

第十六条　互联网信息服务提供者发现其网站传输的信息明显属于本办法第十五条所列内容之一的,应当立即停止传输,保存有关记录,并向国家有关机关报告。

第十七条　经营性互联网信息服务提供者申请在境内境外上市或者同外商合资、合作,应当事先经国务院信息产业主管部门审查同意;其中,外商投资的比例应当符合有关法律、行政法规的规定。

第十八条　国务院信息产业主管部门和省、自治区、直辖市电信管理机构,依法对互联网信息服务实施监督管理。新闻、出版、教育、卫生、药品监督管理、工商行政管理和公安、国家安全等有关主管部门,在各自职责范围内依法对互联网信息内容实施监督管理。

第十九条　违反本办法的规定,未取得经营许可证,擅自从事经营性互联网信息服务,或者超出许可的项目提供服务的,由省、自治区、直辖市电信管理机构责令限期改正,有违法所得的,没收违法所得,处违法所得3倍以上5倍以下的罚款;没有违法所得或者违法所得不足5万元的,处10万元以上100万元以下的罚款;情节严重的,责令关闭网站。违反本办法的规定,未履行备案手续,擅自从事非经营性互联网信息服务,或者超出备案的项目提供服务的,由省、自治区、直辖市电信管理机构责令限期改正;拒不改正的,责令关闭网站。

第二十条　制作、复制、发布、传播本办法第十五条所列内容之一的信息,构成犯罪的,依法追究刑事责任;尚不构成犯罪的,由公安机关、国家安全机关依照《中华人民共和国治安管理处罚条例》《计算机信息网络国际联网安全保护管理办法》等有关法律、行政法规的规定予以处罚;对经营性互联网信息服务提供者,并由发证机关责令停业整顿直至吊销经营许可证,通知企业登记机关;对非经营性互联网信息服务提供者,并由备案机关责令暂时关闭网站直至关闭网站。

第二十一条　未履行本办法第十四条规定的义务的,由省、自治区、直辖市电信管理机构责令改正;情节严重的,责令停业整顿或者暂时关闭网站。

第二十二条　违反本办法的规定,未在其网站主页上标明其经营许可证编号或者备案编号的，由省、自治区、直辖市电信管理机构责令改正，处 5000 元以上 5 万元以下的罚款。

第二十三条　违反本办法第十六条规定的义务的，由省、自治区、直辖市电信管理机构责令改正；情节严重的，对经营性互联网信息服务提供者，并由发证机关吊销经营许可证，对非经营性互联网信息服务提供者，并由备案机关责令关闭网站。

第二十四条　互联网信息服务提供者在其业务活动中，违反其他法律、法规的，由新闻、出版、教育、卫生、药品监督管理和工商行政管理等有关主管部门依照有关法律、法规的规定处罚。

第二十五条　电信管理机构和其他有关主管部门及其工作人员，玩忽职守、滥用职权、徇私舞弊，疏于对互联网信息服务的监督管理，造成严重后果，构成犯罪的，依法追究刑事责任；尚不构成犯罪的，对直接负责的主管人员和其他直接责任人员依法给予降级、撤职直至开除的行政处分。

第二十六条　在本办法公布前从事互联网信息服务的，应当自本办法公布之日起 60 日内依照本办法的有关规定补办有关手续。

第二十七条　本办法自公布之日起施行。

即时通信工具公众信息服务发展管理暂行规定

（国家互联网信息办公室 2014 年 8 月 7 日发布）

第一条 为进一步推动即时通信工具公众信息服务健康有序发展，保护公民、法人和其他组织的合法权益，维护国家安全和公共利益，根据《全国人民代表大会常务委员会关于维护互联网安全的决定》《全国人民代表大会常务委员会关于加强网络信息保护的决定》《最高人民法院最高人民检察院关于办理利用信息网络实施诽谤等刑事案件适用法律若干问题的解释》《互联网信息服务管理办法》《互联网新闻信息服务管理规定》等法律法规，制定本规定。

第二条 在中华人民共和国境内从事即时通信工具公众信息服务，适用本规定。

本规定所称即时通信工具，是指基于互联网面向终端使用者提供即时信息交流服务的应用。本规定所称公众信息服务，是指通过即时通信工具的公众账号及其他形式向公众发布信息的活动。

第三条 国家互联网信息办公室负责统筹协调指导即时通信工具公众信息服务发展管理工作，省级互联网信息内容主管部门负责本行政区域的相关工作。

互联网行业组织应当积极发挥作用，加强行业自律，推动行业信用评价体系建设，促进行业健康有序发展。

第四条 即时通信工具服务提供者应当取得法律法规规定的相关资质。即时通信工具服务提供者从事公众信息服务活动，应当取得互联网新闻信息服务资质。

第五条 即时通信工具服务提供者应当落实安全管理责任，建立健全各项制度，配备与服务规模相适应的专业人员，保护用户信息及公民个人隐私，自觉接受社会监督，及时处理公众举报的违法和不良信息。

第六条 即时通信工具服务提供者应当按照"后台实名、前台自愿"的原则，要求即时通信工具服务使用者通过真实身份信息认证后注册账号。

即时通信工具服务使用者注册账号时，应当与即时通信工具服务提供者签订协议，承诺遵守法律法规、社会主义制度、国家利益、公民合法权益、公共秩序、社会道德风尚和信息真实性等"七条底线"。

第七条 即时通信工具服务使用者为从事公众信息服务活动开设公众账号，应当经即时通信工具服务提供者审核，由即时通信工具服务提供者向互联网信息内容主管部门分类备案。

新闻单位、新闻网站开设的公众账号可以发布、转载时政类新闻，取得互联网新闻信息服务资质的非新闻单位开设的公众账号可以转载时政类新闻。其他公众账号未经批准不得发布、转载时政类新闻。

即时通信工具服务提供者应当对可以发布或转载时政类新闻的公众账号加注标识。

鼓励各级党政机关、企事业单位和各人民团体开设公众账号，服务经济社会发展，满足公众需求。

第八条 即时通信工具服务使用者从事公众信息服务活动，应当遵守相关法律法规。

对违反协议约定的即时通信工具服务使用者，即时通信工具服务提供者应当视情节采取警示、限制发布、暂停更新直至关闭账号等措施，并保存有关记录，履行向有关主管部门报告义务。

第九条 对违反本规定的行为，由有关部门依照相关法律法规处理。

第十条 本规定自公布之日起施行。

互联网新闻信息服务单位约谈工作规定

（国家互联网信息办公室 2015 年 4 月发布）

第一条 为了进一步推进依法治网，促进互联网新闻信息服务单位依法办网、文明办网，规范互联网新闻信息服务，保护公民、法人和其他组织的合法权益，营造清朗网络空间，根据《互联网信息服务管理办法》《互联网新闻信息服务管理规定》和《国务院关于授权国家互联网信息办公室负责互联网信息内容管理工作的通知》，制定本规定。

第二条 国家互联网信息办公室、地方互联网信息办公室建立互联网新闻信息服务单位约谈制度。

本规定所称约谈，是指国家互联网信息办公室、地方互联网信息办公室在互联网新闻信息服务单位发生严重违法违规情形时，约见其相关负责人，进行警示谈话、指出问题、责令整改纠正的行政行为。

第三条 地方互联网信息办公室负责对本行政区域内的互联网新闻信息服务单位实施约谈，约谈情况应当及时向国家互联网信息办公室报告。

对存在重大违法情形的互联网新闻信息服务单位，由国家互联网信息办公室单独或联合属地互联网信息办公室实施约谈。

第四条 互联网新闻信息服务单位有下列情形之一的，国家互联网信息办公室、地方互联网信息办公室可对其主要负责人、总编辑等进行约谈：

（一）未及时处理公民、法人和其他组织关于互联网新闻信息服务的投诉、举报情节严重的；

（二）通过采编、发布、转载、删除新闻信息等谋取不正当利益的；

（三）违反互联网用户账号名称注册、使用、管理相关规定情节严重的；

（四）未及时处置违法信息情节严重的；

（五）未及时落实监管措施情节严重的；

（六）内容管理和网络安全制度不健全、不落实的；

（七）网站日常考核中问题突出的；

（八）年检中问题突出的；

（九）其他违反相关法律法规规定需要约谈的情形。

第五条　国家互联网信息办公室、地方互联网信息办公室对互联网新闻信息服务单位实施约谈，应当提前告知约谈事由，并约定时间、地点和参加人员等。

国家互联网信息办公室、地方互联网信息办公室实施约谈时，应当由两名以上执法人员参加，主动出示证件，并记录约谈情况。

第六条　国家互联网信息办公室、地方互联网信息办公室通过约谈，及时指出互联网新闻信息服务单位存在的问题，并提出整改要求。

互联网新闻信息服务单位应当及时落实整改要求，依法提供互联网新闻信息服务。

第七条　国家互联网信息办公室、地方互联网信息办公室应当加强对互联网新闻信息服务单位的监督检查，并对其整改情况进行综合评估，综合评估可以委托第三方开展。

互联网新闻信息服务单位未按要求整改，或经综合评估未达到整改要求的，将依照《互联网信息服务管理办法》《互联网新闻信息服务管理规定》的有关规定给予警告、罚款、责令停业整顿、吊销许可证等处罚；互联网新闻信息服务单位被多次约谈仍然存在违法行为的，依法从重处罚。

第八条　国家互联网信息办公室、地方互联网信息办公室可将与互联网新闻信息服务单位的约谈情况向社会公开。

约谈情况记入互联网新闻信息服务单位日常考核和年检档案。

第九条　国家互联网信息办公室、地方互联网信息办公室履行约谈职责时，互联网新闻信息服务单位应当予以配合，不得拒绝、阻挠。

第十条　本规定由国家互联网信息办公室负责解释，自 2015 年 6 月 1 日起实施。

中华人民共和国网络安全法

中华人民共和国主席令第 53 号

（2016 年 11 月 7 日发布）

第一章 总则

第一条 为了保障网络安全，维护网络空间主权和国家安全、社会公共利益，保护公民、法人和其他组织的合法权益，促进经济社会信息化健康发展，制定本法。

第二条 在中华人民共和国境内建设、运营、维护和使用网络，以及网络安全的监督管理，适用本法。

第三条 国家坚持网络安全与信息化发展并重，遵循积极利用、科学发展、依法管理、确保安全的方针，推进网络基础设施建设和互联互通，鼓励网络技术创新和应用，支持培养网络安全人才，建立健全网络安全保障体系，提高网络安全保护能力。

第四条 国家制定并不断完善网络安全战略，明确保障网络安全的基本要求和主要目标，提出重点领域的网络安全政策、工作任务和措施。

第五条 国家采取措施，监测、防御、处置来源于中华人民共和国境内外的网络安全风险和威胁，保护关键信息基础设施免受攻击、侵入、干扰和破坏，依法惩治网络违法犯罪活动，维护网络空间安全和秩序。

第六条 国家倡导诚实守信、健康文明的网络行为，推动传播社会主义核心价值观，采取措施提高全社会的网络安全意识和水平，形成全社会共同参与促进网络安全的良好环境。

第七条 国家积极开展网络空间治理、网络技术研发和标准制定、打击网络违法犯罪等方面的国际交流与合作，推动构建和平、安全、开放、合作的网络空间，建立多边、民主、透明的网络治理体系。

第八条　国家网信部门负责统筹协调网络安全工作和相关监督管理工作。国务院电信主管部门、公安部门和其他有关机关依照本法和有关法律、行政法规的规定，在各自职责范围内负责网络安全保护和监督管理工作。

县级以上地方人民政府有关部门的网络安全保护和监督管理职责，按照国家有关规定确定。

第九条　网络运营者开展经营和服务活动，必须遵守法律、行政法规，尊重社会公德，遵守商业道德，诚实信用，履行网络安全保护义务，接受政府和社会的监督，承担社会责任。

第十条　建设、运营网络或者通过网络提供服务，应当依照法律、行政法规的规定和国家标准的强制性要求，采取技术措施和其他必要措施，保障网络安全、稳定运行，有效应对网络安全事件，防范网络违法犯罪活动，维护网络数据的完整性、保密性和可用性。

第十一条　网络相关行业组织按照章程，加强行业自律，制定网络安全行为规范，指导会员加强网络安全保护，提高网络安全保护水平，促进行业健康发展。

第十二条　国家保护公民、法人和其他组织依法使用网络的权利，促进网络接入普及，提升网络服务水平，为社会提供安全、便利的网络服务，保障网络信息依法有序自由流动。

任何个人和组织使用网络应当遵守宪法法律，遵守公共秩序，尊重社会公德，不得危害网络安全，不得利用网络从事危害国家安全、荣誉和利益、煽动颠覆国家政权、推翻社会主义制度、煽动分裂国家、破坏国家统一、宣扬恐怖主义、极端主义、宣扬民族仇恨、民族歧视、传播暴力、淫秽色情信息，编造、传播虚假信息扰乱经济秩序和社会秩序，以及侵害他人名誉、隐私、知识产权和其他合法权益等活动。

第十三条　国家支持研究开发有利于未成年人健康成长的网络产品和服务，依法惩治利用网络从事危害未成年人身心健康的活动，为未成年人提供安全、健康的网络环境。

第十四条　任何个人和组织有权对危害网络安全的行为向网信、电信、公安等部门举报。收到举报的部门应当及时依法作出处理；不属于本部门职责的，应当及时移送有权处理的部门。

有关部门应当对举报人的相关信息予以保密，保护举报人的合法权益。

第二章　网络安全支持与促进

第十五条　国家建立和完善网络安全标准体系。国务院标准化行政主管部门和国务院其他有关部门根据各自的职责，组织制定并适时修订有关网络安全管理以及网络产品、服务和运行安全的国家标准、行业标准。

国家支持企业、研究机构、高等学校、网络相关行业组织参与网络安全国家标准、行业标准的制定。

第十六条　国务院和省、自治区、直辖市人民政府应当统筹规划，加大投入，扶持重点网络安全技术产业和项目，支持网络安全技术的研究开发和应用，推广安全可信的网络产品和服务，保护网络技术知识产权，支持企业、研究机构和高等学校等参与国家网络安全技术创新项目。

第十七条　国家推进网络安全社会化服务体系建设，鼓励有关企业、机构开展网络安全认证、检测和风险评估等安全服务。

第十八条　国家鼓励开发网络数据安全保护和利用技术，促进公共数据资源开放，推动技术创新和经济社会发展。

国家支持创新网络安全管理方式，运用网络新技术，提升网络安全保护水平。

第十九条　各级人民政府及其有关部门应当组织开展经常性的网络安全宣传教育，并指导、督促有关单位做好网络安全宣传教育工作。

大众传播媒介应当有针对性地面向社会进行网络安全宣传教育。

第二十条　国家支持企业和高等学校、职业学校等教育培训机构开展网络安全相关教育与培训，采取多种方式培养网络安全人才，促进网络安全人才交流。

第三章　网络运行安全

第一节　一般规定

第二十一条　国家实行网络安全等级保护制度。网络运营者应当按照网络安全等级保护制度的要求，履行下列安全保护义务，保障网络免受干扰、破坏或者未经授权的访问，防止网络数据泄露或者被窃取、篡改：

（一）制定内部安全管理制度和操作规程，确定网络安全负责人，落实网络安全保护责任；

（二）采取防范计算机病毒和网络攻击、网络侵入等危害网络安全行为的技术措施；

（三）采取监测、记录网络运行状态、网络安全事件的技术措施，并按照规定留存相关的网络日志不少于六个月；

（四）采取数据分类、重要数据备份和加密等措施；

（五）法律、行政法规规定的其他义务。

第二十二条　网络产品、服务应当符合相关国家标准的强制性要求。网络产品、服务的提供者不得设置恶意程序；发现其网络产品、服务存在安全缺陷、漏洞等风险时，应当立即采取补救措施，按照规定及时告知用户并向有关主管部门报告。

网络产品、服务的提供者应当为其产品、服务持续提供安全维护；在规定或者当事人约定的期限内，不得终止提供安全维护。

网络产品、服务具有收集用户信息功能的，其提供者应当向用户明示并取得同意；涉及用户个人信息的，还应当遵守本法和有关法律、行政法规关于个人信息保护的规定。

第二十三条　网络关键设备和网络安全专用产品应当按照相关国家标准的强制性要求，由具备资格的机构安全认证合格或者安全检测符合要求后，方可销售或者提供。国家网信部门会同国务院有关部门制定、公布网络关键设备和网络安全专用产品目录，并推动安全认证和安全检测结果互认，避免重复认证、检测。

第二十四条　网络运营者为用户办理网络接入、域名注册服务，办理固定电话、移动电话等入网手续，或者为用户提供信息发布、即时通讯等服务，在与用户签订协议或者确认提供服务时，应当要求用户提供真实身份信息。用户不提供真实身份信息的，网络运营者不得为其提供相关服务。

国家实施网络可信身份战略，支持研究开发安全、方便的电子身份认证技术，推动不同电子身份认证之间的互认。

第二十五条　网络运营者应当制定网络安全事件应急预案，及时处置系统漏洞、计算机病毒、网络攻击、网络侵入等安全风险；在发生危害网络安全的事件时，立即启动应急预案，采取相应的补救措施，并按照规定向有关主管部门报告。

第二十六条　开展网络安全认证、检测、风险评估等活动，向社会发布系统漏洞、计算机病毒、网络攻击、网络侵入等网络安全信息，应当遵守国家有关规定。

第二十七条　任何个人和组织不得从事非法侵入他人网络、干扰他人网络正常功能、窃取网络数据等危害网络安全的活动；不得提供专门用于从事侵入网络、干扰网络正常功能及防护措施、窃取网络数据等危害网络安全活动的程序、工具；明知他人从事危害网络安全活动的，不得为其提供技术支持、广告推广、支付结算等帮助。

第二十八条　网络运营者应当为公安机关、国家安全机关依法维护国家安全和侦查犯罪的活动提供技术支持和协助。

第二十九条　国家支持网络运营者之间在网络安全信息收集、分析、通报和应急处置等方面进行合作，提高网络运营者的安全保障能力。

有关行业组织建立健全本行业的网络安全保护规范和协作机制，加强对网络安全风险的分析评估，定期向会员进行风险警示，支持、协助会员应对网络安全风险。

第三十条　网信部门和有关部门在履行网络安全保护职责中获取的信息，只能用于维护网络安全的需要，不得用于其他用途。

第二节　关键信息基础设施的运行安全

第三十一条　国家对公共通信和信息服务、能源、交通、水利、金融、公共服务、电子政务等重要行业和领域，以及其他一旦遭到破坏、丧失功能或者数据泄露，可能严重危害国家安全、国计民生、公共利益的关键信息基础设施，在网络安全等级保护制度的基础上，实行重点保护。关键信息基础设施的具体范围和安全保护办法由国务院制定。

国家鼓励关键信息基础设施以外的网络运营者自愿参与关键信息基础设施保护体系。

第三十二条　按照国务院规定的职责分工，负责关键信息基础设施安全保护工作的部门分别编制并组织实施本行业、本领域的关键信息基础设施安全规划，指导和监督关键信息基础设施运行安全保护工作。

第三十三条　建设关键信息基础设施应当确保其具有支持业务稳定、持续运行的性能，并保证安全技术措施同步规划、同步建设、同步使用。

第三十四条　除本法第二十一条的规定外，关键信息基础设施的运营者还应当履行下列安全保护义务：

（一）设置专门安全管理机构和安全管理负责人，并对该负责人和关键岗位的人员进行安全背景审查；

（二）定期对从业人员进行网络安全教育、技术培训和技能考核；

（三）对重要系统和数据库进行容灾备份；

（四）制定网络安全事件应急预案，并定期进行演练；

（五）法律、行政法规规定的其他义务。

第三十五条　关键信息基础设施的运营者采购网络产品和服务，可能影响国家安全的，应当通过国家网信部门会同国务院有关部门组织的国家安全审查。

第三十六条　关键信息基础设施的运营者采购网络产品和服务，应当按照规定与提供者签订安全保密协议，明确安全和保密义务与责任。

第三十七条　关键信息基础设施的运营者在中华人民共和国境内运营中收集和产生的个人信息和重要数据应当在境内存储。因业务需要，确需向境外提供的，应当按照国家网信部门会同国务院有关部门制定的办法进行安全评估；法律、行政法规另有规定的，依照其规定。

第三十八条　关键信息基础设施的运营者应当自行或者委托网络安全服务机构对其网络的安全性和可能存在的风险每年至少进行一次检测评估，并将检测评估情况和改进措施报送相关负责关键信息基础设施安全保护工作的部门。

第三十九条　国家网信部门应当统筹协调有关部门对关键信息基础设施的安全保护采取下列措施：

（一）对关键信息基础设施的安全风险进行抽查检测，提出改进措施，必要时可以委托网络安全服务机构对网络存在的安全风险进行检测评估；

（二）定期组织关键信息基础设施的运营者进行网络安全应急演练，提高应对网络安全事件的水平和协同配合能力；

（三）促进有关部门、关键信息基础设施的运营者以及有关研究机构、网络安全服务机构等之间的网络安全信息共享；

（四）对网络安全事件的应急处置与网络功能的恢复等，提供技术支持和协助。

第四章　网络信息安全

第四十条　网络运营者应当对其收集的用户信息严格保密，并建立健全用户信息保护制度。

第四十一条　网络运营者收集、使用个人信息，应当遵循合法、正当、必要的原则，公开收集、使用规则，明示收集、使用信息的目的、方式和范围，并经被收集者同意。

网络运营者不得收集与其提供的服务无关的个人信息，不得违反法律、行政法规的规定和双方的约定收集、使用个人信息，并应当依照法律、行政法规的规定和与用户的约定，处理其保存的个人信息。

第四十二条　网络运营者不得泄露、篡改、毁损其收集的个人信息；未经被收集者同意，不得向他人提供个人信息。但是，经过处理无法识别特定个人且不能复原的除外。

网络运营者应当采取技术措施和其他必要措施，确保其收集的个人信息安全，防止信息泄露、毁损、丢失。在发生或者可能发生个人信息泄露、毁损、丢失的情况时，应当立即采取补救措施，按照规定及时告知用户并向有关主管部门报告。

第四十三条　个人发现网络运营者违反法律、行政法规的规定或者双方的约定收集、使用其个人信息的，有权要求网络运营者删除其个人信息；发现网络运营者收集、存储的其个人信息有错误的，有权要求网络运营者予以更正。网络运营者应当采取措施予以删除或者更正。

第四十四条　任何个人和组织不得窃取或者以其他非法方式获取个人信息，不得非法出售或者非法向他人提供个人信息。

第四十五条　依法负有网络安全监督管理职责的部门及其工作人员，必须对在履行职责中知悉的个人信息、隐私和商业秘密严格保密，不得泄露、出售或者非法向他人提供。

第四十六条　任何个人和组织应当对其使用网络的行为负责，不得设立用于实施诈骗，传授犯罪方法，制作或者销售违禁物品、管制物品等违法犯罪活动的网站、通讯群组，不得利用网络发布涉及实施诈骗，制作或者销售违禁物品、管制物品以及其他违法犯罪活动的信息。

第四十七条　网络运营者应当加强对其用户发布的信息的管理，发现法律、行政法规禁止发布或者传输的信息的，应当立即停止传输该信息，采取消除等处置措施，防止信息扩散，保存有关记录，并向有关主管部门报告。

第四十八条　任何个人和组织发送的电子信息、提供的应用软件，不得设置恶意程序，不得含有法律、行政法规禁止发布或者传输的信息。

电子信息发送服务提供者和应用软件下载服务提供者，应当履行安全管理义务，知道其用户有前款规定行为的，应当停止提供服务，采取消除等处置措施，保存有关记录，并向有关主管部门报告。

第四十九条　网络运营者应当建立网络信息安全投诉、举报制度，公布投诉、举报方式等信息，及时受理并处理有关网络信息安全的投诉和举报。

网络运营者对网信部门和有关部门依法实施的监督检查，应当予以配合。

第五十条 国家网信部门和有关部门依法履行网络信息安全监督管理职责，发现法律、行政法规禁止发布或者传输的信息的，应当要求网络运营者停止传输，采取消除等处置措施，保存有关记录；对来源于中华人民共和国境外的上述信息，应当通知有关机构采取技术措施和其他必要措施阻断传播。

第五章 监测预警与应急处置

第五十一条 国家建立网络安全监测预警和信息通报制度。国家网信部门应当统筹协调有关部门加强网络安全信息收集、分析和通报工作，按照规定统一发布网络安全监测预警信息。

第五十二条 负责关键信息基础设施安全保护工作的部门，应当建立健全本行业、本领域的网络安全监测预警和信息通报制度，并按照规定报送网络安全监测预警信息。

第五十三条 国家网信部门协调有关部门建立健全网络安全风险评估和应急工作机制，制定网络安全事件应急预案，并定期组织演练。

负责关键信息基础设施安全保护工作的部门应当制定本行业、本领域的网络安全事件应急预案，并定期组织演练。

网络安全事件应急预案应当按照事件发生后的危害程度、影响范围等因素对网络安全事件进行分级，并规定相应的应急处置措施。

第五十四条 网络安全事件发生的风险增大时，省级以上人民政府有关部门应当按照规定的权限和程序，并根据网络安全风险的特点和可能造成的危害，采取下列措施：

（一）要求有关部门、机构和人员及时收集、报告有关信息，加强对网络安全风险的监测；

（二）组织有关部门、机构和专业人员，对网络安全风险信息进行分析评估，预测事件发生的可能性、影响范围和危害程度；

（三）向社会发布网络安全风险预警，发布避免、减轻危害的措施。

第五十五条 发生网络安全事件，应当立即启动网络安全事件应急预案，对网络安全事件进行调查和评估，要求网络运营者采取技术措施和其他必要措施，消除安全隐患，防止危害扩大，并及时向社会发布与公众有关的警示信息。

第五十六条 省级以上人民政府有关部门在履行网络安全监督管理职责中，发现网络存在较大安全风险或者发生安全事件的，可以按照规定的权限和程序对该网络的运营者的法定代表人或者主要负责人进行约谈。网络运营者应当按照要求采取措施，进行整改，消除隐患。

第五十七条 因网络安全事件，发生突发事件或者生产安全事故的，应当依照《中华人民共和国突发事件应对法》《中华人民共和国安全生产法》等有关法律、行政法规的规定处置。

第五十八条 因维护国家安全和社会公共秩序，处置重大突发社会安全事件的需要，经国务院决定或者批准，可以在特定区域对网络通信采取限制等临时措施。

第六章 法律责任

第五十九条 网络运营者不履行本法第二十一条、第二十五条规定的网络安全保护义务的，由有关主管部门责令改正，给予警告；拒不改正或者导致危害网络安全等后果的，处一万元以上十万元以下罚款，对直接负责的主管人员处五千元以上五万元以下罚款。

关键信息基础设施的运营者不履行本法第三十三条、第三十四条、第三十六条、第三十八条规定的网络安全保护义务的，由有关主管部门责令改正，给予警告；拒不改正或者导致危害网络安全等后果的，处十万元以上一百万元以下罚款，对直接负责的主管人员处一万元以上十万元以下罚款。

第六十条 违反本法第二十二条第一款、第二款和第四十八条第一款规定，有下列行为之一的，由有关主管部门责令改正，给予警告；拒不改正或者导致危害网络安全等后果的，处五万元以上五十万元以下罚款，对直接负责的主管人员处一万元以上十万元以下罚款：

（一）设置恶意程序的；

（二）对其产品、服务存在的安全缺陷、漏洞等风险未立即采取补救措施，或者未按照规定及时告知用户并向有关主管部门报告的；

（三）擅自终止为其产品、服务提供安全维护的。

第六十一条 网络运营者违反本法第二十四条第一款规定，未要求用户提供真实身份信息，或者对不提供真实身份信息的用户提供相关服务的，由有关主管部门责令改正；拒不改正或者情节严重的，处五万元以上五十万元以下罚款，并可以由有关主管部门责令暂停相关业务、停业整顿、关闭网站、吊销相关业务许可证或者吊销营业执照，对直接负责的主管人员和其他直接责任人员处一万元以上十万元以下罚款。

第六十二条 违反本法第二十六条规定，开展网络安全认证、检测、风险评估等活动，或者向社会发布系统漏洞、计算机病毒、网络攻击、网络侵入等网络安全信息的，由有关主管部门责令改正，给予警告；拒不改正或者情节严重的，处一万元以上十万元以下罚款，并可以由有关主管部门责令暂停相关业务、停业整顿、关闭网站、吊销相关业务许可证或者吊销营业执照，对直接负责的主管人员和其他直接责任人员处五千元以上五万元以下罚款。

第六十三条 违反本法第二十七条规定，从事危害网络安全的活动，或者提供专门用于从事危害网络安全活动的程序、工具，或者为他人从事危害网络安全的活动提供技术支持、广告推广、支付结算等帮助，尚不构成犯罪的，由公安机关没收违法所得，处五日以下拘留，可以并处五万元以上五十万元以下罚款；情节较重的，处五日以上十五日以下拘留，可以并处十万元以上一百万元以下罚款。

单位有前款行为的，由公安机关没收违法所得，处十万元以上一百万元以下罚款，并对直接负责的主管人员和其他直接责任人员依照前款规定处罚。

违反本法第二十七条规定，受到治安管理处罚的人员，五年内不得从事网络安全管理和网络运营关键岗位的工作；受到刑事处罚的人员，终身不得从事网络安全管理和网络运营关键岗位的工作。

第六十四条 网络运营者、网络产品或者服务的提供者违反本法第二十二条第三款、第四十一条至第四十三条规定，侵害个人信息依法得到保护的权利的，由有关主管部门责令改正，可以根据情节单处或者并处警告、没收违法所得、处违法所得一倍以上十倍以下罚款，没有违法所得的，处一百万元以下罚款，对直接负责的主管人员和其他直接责任人员处一万元以上十万元以下罚款；情节严重的，并可以责令暂停相关业务、停业整顿、关闭网站、吊销相关业务许可证或者吊销营业执照。

违反本法第四十四条规定，窃取或者以其他非法方式获取、非法出售或者非法向他人提供个人信息，尚不构成犯罪的，由公安机关没收违法所得，并处违法所得一倍以上十倍以下罚款，没有违法所得的，处一百万元以下罚款。

第六十五条 关键信息基础设施的运营者违反本法第三十五条规定，使用未经安全审查或者安全审查未通过的网络产品或者服务的，由有关主管部门责令停止使用，处采购金额一倍以上十倍以下罚款；对直接负责的主管人员和其他直接责任人员处一万元以上十万元以下罚款。

第六十六条 关键信息基础设施的运营者违反本法第三十七条规定，在境外存储网络数据，或者向境外提供网络数据的，由有关主管部门责令改正，给予警告，没收违法所得，处五万元以上五十万元以下罚款，并可以责令暂停相关业务、停业整顿、关闭网站、吊销相关业务许可证或者吊销营业执照；对直接负责的主管人员和其他直接责任人员处一万元以上十万元以下罚款。

第六十七条 违反本法第四十六条规定，设立用于实施违法犯罪活动的网站、通讯群组，或者利用网络发布涉及实施违法犯罪活动的信息，尚不构成犯罪的，由公安机关处五日以下拘留，可以并处一万元以上十万元以下罚款；情节较重的，处五日以上十五日以下拘留，可以并处五万元以上五十万元以下罚款。关闭用于实施违法犯罪活动的网站、通讯群组。

单位有前款行为的，由公安机关处十万元以上五十万元以下罚款，并对直接负责的主管人员和其他直接责任人员依照前款规定处罚。

第六十八条 网络运营者违反本法第四十七条规定，对法律、行政法规禁止发布或者传输的信息未停止传输、采取消除等处置措施、保存有关记录的，由有关主管部门责令改正，给予警告，没收违法所得；拒不改正或者情节严重的，处十万元以上五十万元以下罚款，并可以责令暂停相关业务、停业整顿、关闭网站、吊销相关业务许可证或者吊销营业执照，对直接负责的主管人员和其他直接责任人员处一万元以上十万元以下罚款。

电子信息发送服务提供者、应用软件下载服务提供者，不履行本法第四十八条第二款规定的安全管理义务的，依照前款规定处罚。

第六十九条 网络运营者违反本法规定，有下列行为之一的，由有关主管部门责令改正；拒不改正或者情节严重的，处五万元以上五十万元以下罚款，对直接负责的主管人员和其他直接责任人员，处一万元以上十万元以下罚款：

（一）不按照有关部门的要求对法律、行政法规禁止发布或者传输的信息，采取停止传输、消除等处置措施的；

（二）拒绝、阻碍有关部门依法实施的监督检查的；

（三）拒不向公安机关、国家安全机关提供技术支持和协助的。

第七十条 发布或者传输本法第十二条第二款和其他法律、行政法规禁止发布或者传输的信息的，依照有关法律、行政法规的规定处罚。

第七十一条 有本法规定的违法行为的，依照有关法律、行政法规的规定记入信用档案，并予以公示。

第七十二条 国家机关政务网络的运营者不履行本法规定的网络安全保护义务的，由其上级机关或者有关机关责令改正；对直接负责的主管人员和其他直接责任人员依法给予处分。

第七十三条 网信部门和有关部门违反本法第三十条规定，将在履行网络安全保护职责中获取的信息用于其他用途的，对直接负责的主管人员和其他直接责任人员依法给予处分。

网信部门和有关部门的工作人员玩忽职守、滥用职权、徇私舞弊，尚不构成犯罪的，依法给予处分。

第七十四条 违反本法规定，给他人造成损害的，依法承担民事责任。

违反本法规定，构成违反治安管理行为的，依法给予治安管理处罚；

构成犯罪的，依法追究刑事责任。

第七十五条　境外的机构、组织、个人从事攻击、侵入、干扰、破坏等危害中华人民共和国的关键信息基础设施的活动，造成严重后果的，依法追究法律责任；国务院公安部门和有关部门并可以决定对该机构、组织、个人采取冻结财产或者其他必要的制裁措施。

第七章　附则

第七十六条　本法下列用语的含义：

（一）网络，是指由计算机或者其他信息终端及相关设备组成的按照一定的规则和程序对信息进行收集、存储、传输、交换、处理的系统。

（二）网络安全，是指通过采取必要措施，防范对网络的攻击、侵入、干扰、破坏和非法使用以及意外事故，使网络处于稳定可靠运行的状态，以及保障网络数据的完整性、保密性、可用性的能力。

（三）网络运营者，是指网络的所有者、管理者和网络服务提供者。

（四）网络数据，是指通过网络收集、存储、传输、处理和产生的各种电子数据。

（五）个人信息，是指以电子或者其他方式记录的能够单独或者与其他信息结合识别自然人个人身份的各种信息，包括但不限于自然人的姓名、出生日期、身份证件号码、个人生物识别信息、住址、电话号码等。

第七十七条　存储、处理涉及国家秘密信息的网络的运行安全保护，除应当遵守本法外，还应当遵守保密法律、行政法规的规定。

第七十八条　军事网络的安全保护，由中央军事委员会另行规定。

第七十九条　本法自 2017 年 6 月 1 日起施行。

互联网新闻信息服务管理规定

（国家互联网信息办公室 2017 年 5 月 2 日公布）

第一章 总则

第一条 为加强互联网信息内容管理，促进互联网新闻信息服务健康有序发展，根据《中华人民共和国网络安全法》《互联网信息服务管理办法》《国务院关于授权国家互联网信息办公室负责互联网信息内容管理工作的通知》，制定本规定。

第二条 在中华人民共和国境内提供互联网新闻信息服务，适用本规定。

本规定所称新闻信息，包括有关政治、经济、军事、外交等社会公共事务的报道、评论，以及有关社会突发事件的报道、评论。

第三条 提供互联网新闻信息服务，应当遵守宪法、法律和行政法规，坚持为人民服务、为社会主义服务的方向，坚持正确舆论导向，发挥舆论监督作用，促进形成积极健康、向上向善的网络文化，维护国家利益和公共利益。

第四条 国家互联网信息办公室负责全国互联网新闻信息服务的监督管理执法工作。地方互联网信息办公室依据职责负责本行政区域内互联网新闻信息服务的监督管理执法工作。

第二章 许可

第五条 通过互联网站、应用程序、论坛、博客、微博客、公众账号、即时通信工具、网络直播等形式向社会公众提供互联网新闻信息服务，应当取得互联网新闻信息服务许可，禁止未经许可或超越许可范围开展互联网新闻信息服务活动。

前款所称互联网新闻信息服务，包括互联网新闻信息采编发布服务、转载服务、传播平台服务。

第六条　申请互联网新闻信息服务许可，应当具备下列条件：

（一）在中华人民共和国境内依法设立的法人；

（二）主要负责人、总编辑是中国公民；

（三）有与服务相适应的专职新闻编辑人员、内容审核人员和技术保障人员；

（四）有健全的互联网新闻信息服务管理制度；

（五）有健全的信息安全管理制度和安全可控的技术保障措施；

（六）有与服务相适应的场所、设施和资金。

申请互联网新闻信息采编发布服务许可的，应当是新闻单位（含其控股的单位）或新闻宣传部门主管的单位。

符合条件的互联网新闻信息服务提供者实行特殊管理股制度，具体实施办法由国家互联网信息办公室另行制定。

提供互联网新闻信息服务，还应当依法向电信主管部门办理互联网信息服务许可或备案手续。

第七条　任何组织不得设立中外合资经营、中外合作经营和外资经营的互联网新闻信息服务单位。

互联网新闻信息服务单位与境内外中外合资经营、中外合作经营和外资经营的企业进行涉及互联网新闻信息服务业务的合作，应当报经国家互联网信息办公室进行安全评估。

第八条　互联网新闻信息服务提供者的采编业务和经营业务应当分开，非公有资本不得介入互联网新闻信息采编业务。

第九条　申请互联网新闻信息服务许可，申请主体为中央新闻单位（含其控股的单位）或中央新闻宣传部门主管的单位的，由国家互联网信息办公室受理和决定；申请主体为地方新闻单位（含其控股的单位）或地方新闻宣传部门主管的单位的，由省、自治区、直辖市互联网信息办公室受理和决定；申请主体为其他单位的，经所在地省、自治区、直辖市互联网信息办公室受理和初审后，由国家互联网信息办公室决定。

国家或省、自治区、直辖市互联网信息办公室决定批准的，核发《互联网新闻信息服务许可证》。《互联网新闻信息服务许可证》有效期为三年。有效期届满，需继续从事互联网新闻信息服务活动的，应当于有效期届满三十日前申请续办。

省、自治区、直辖市互联网信息办公室应当定期向国家互联网信息办公室报告许可受理和决定情况。

第十条　申请互联网新闻信息服务许可，应当提交下列材料：

（一）主要负责人、总编辑为中国公民的证明；

（二）专职新闻编辑人员、内容审核人员和技术保障人员的资质情况；

（三）互联网新闻信息服务管理制度；

（四）信息安全管理制度和技术保障措施；

（五）互联网新闻信息服务安全评估报告；

（六）法人资格、场所、资金和股权结构等证明；

（七）法律法规规定的其他材料。

第三章　运行

第十一条　互联网新闻信息服务提供者应当设立总编辑，总编辑对互联网新闻信息内容负总责。总编辑人选应当具有相关从业经验，符合相关条件，并报国家或省、自治区、直辖市互联网信息办公室备案。

互联网新闻信息服务相关从业人员应当依法取得相应资质，接受专业培训、考核。互联网新闻信息服务相关从业人员从事新闻采编活动，应当具备新闻采编人员职业资格，持有国家新闻出版广电总局统一颁发的新闻记者证。

第十二条　互联网新闻信息服务提供者应当健全信息发布审核、公共信息巡查、应急处置等信息安全管理制度，具有安全可控的技术保障措施。

第十三条　互联网新闻信息服务提供者为用户提供互联网新闻信息传播平台服务，应当按照《中华人民共和国网络安全法》的规定，要求用户提供真实身份信息。用户不提供真实身份信息的，互联网新闻信息服务提供者不得为其提供相关服务。

互联网新闻信息服务提供者对用户身份信息和日志信息负有保密的义务，不得泄露、篡改、毁损，不得出售或非法向他人提供。

互联网新闻信息服务提供者及其从业人员不得通过采编、发布、转载、删除新闻信息，干预新闻信息呈现或搜索结果等手段谋取不正当利益。

第十四条　互联网新闻信息服务提供者提供互联网新闻信息传播平台服务，应当与在其平台上注册的用户签订协议，明确双方权利义务。

对用户开设公众账号的，互联网新闻信息服务提供者应当审核其账号信息、服务资质、服务范围等信息，并向所在地省、自治区、直辖市互联网信息办公室分类备案。

第十五条　互联网新闻信息服务提供者转载新闻信息，应当转载中央新闻单位或省、自治区、直辖市直属新闻单位等国家规定范围内的单位发布的新闻信息，注明新闻信息来源、原作者、原标题、编辑真实姓名等，不得歪曲、篡改标题原意和新闻信息内容，并保证新闻信息来源可追溯。

互联网新闻信息服务提供者转载新闻信息，应当遵守著作权相关法律法规的规定，保护著作权人的合法权益。

第十六条　互联网新闻信息服务提供者和用户不得制作、复制、发布、传播法律、行政法规禁止的信息内容。

互联网新闻信息服务提供者提供服务过程中发现含有违反本规定第三条或前款规定内容的，应当依法立即停止传输该信息、采取消除等处置措施，保存有关记录，并向有关主管部门报告。

第十七条　互联网新闻信息服务提供者变更主要负责人、总编辑、主管单位、股权结构等影响许可条件的重大事项，应当向原许可机关办理变更手续。

互联网新闻信息服务提供者应用新技术、调整增设具有新闻舆论属性或社会动员能力的应用功能，应当报国家或省、自治区、直辖市互联网信息办公室进行互联网新闻信息服务安全评估。

第十八条　互联网新闻信息服务提供者应当在明显位置明示互联网新闻信息服务许可证编号。

互联网新闻信息服务提供者应当自觉接受社会监督，建立社会投诉举报渠道，设置便捷的投诉举报入口，及时处理公众投诉举报。

第四章　监督检查

第十九条　国家和地方互联网信息办公室应当建立日常检查和定期检查相结合的监督管理制度，依法对互联网新闻信息服务活动实施监督检查，有关单位、个人应当予以配合。

国家和地方互联网信息办公室应当健全执法人员资格管理制度。执法人员开展执法活动，应当依法出示执法证件。

第二十条　任何组织和个人发现互联网新闻信息服务提供者有违反本规定行为的，可以向国家和地方互联网信息办公室举报。

国家和地方互联网信息办公室应当向社会公开举报受理方式，收到举报后，应当依法予以处置。互联网新闻信息服务提供者应当予以配合。

第二十一条　国家和地方互联网信息办公室应当建立互联网新闻信息服务网络信用档案，建立失信黑名单制度和约谈制度。

国家互联网信息办公室会同国务院电信、公安、新闻出版广电等部门建立信息共享机制，加强工作沟通和协作配合，依法开展联合执法等专项监督检查活动。

第五章　法律责任

第二十二条　违反本规定第五条规定，未经许可或超越许可范围开展互联网新闻信息服务活动的，由国家和省、自治区、直辖市互联网信息办公室依据职责责令停止相关服务活动，处一万元以上三万元以下罚款。

第二十三条　互联网新闻信息服务提供者运行过程中不再符合许可条件的，由原许可机关责令限期改正；逾期仍不符合许可条件的，暂停新闻信息更新；《互联网新闻信息服务许可证》有效期届满仍不符合许可条件的，不予换发许可证。

第二十四条　互联网新闻信息服务提供者违反本规定第七条第二款、第八条、第十一条、第十二条、第十三条第三款、第十四条、第十五条第一款、第十七条、第十八条规定的，由国家和地方互联网信息办公室依据职责给予警告，责令限期改正；情节严重或拒不改正的，暂停新闻信息更新，处五千元以上三万元以下罚款；构成犯罪的，依法追究刑事责任。

第二十五条　互联网新闻信息服务提供者违反本规定第三条、第十六条第一款、第十九条第一款、第二十条第二款规定的，由国家和地方互联网信息办公室依据职责给予警告，责令限期改正；情节严重或拒不改正的，暂停新闻信息更新，处二万元以上三万元以下罚款；构成犯罪的，依法追究刑事责任。

第二十六条　互联网新闻信息服务提供者违反本规定第十三条第一款、第十六条第二款规定的，由国家和地方互联网信息办公室根据《中华人民共和国网络安全法》的规定予以处理。

第六章　附则

第二十七条　本规定所称新闻单位，是指依法设立的报刊社、广播电台、电视台、通讯社和新闻电影制片厂。

第二十八条　违反本规定，同时违反互联网信息服务管理规定的，由国家和地方互联网信息办公室根据本规定处理后，转由电信主管部门依法处置。

国家对互联网视听节目服务、网络出版服务等另有规定的，应当同时符合其规定。

第二十九条　本规定自 2017 年 6 月 1 日起施行。本规定施行之前颁布的有关规定与本规定不一致的，按照本规定执行。

舆情传播与网络文化关键词

传播学名词

传统媒体： 相对于近年来兴起的新媒体而言更为传统的大众传播方式，主要包括报纸、杂志、广播、电视等媒体形态。

新媒体： 由戈尔德马克（P.Goldmark）在 1967 年提出，它本身是一个发展中的概念，具体内涵随时间而变化。在当前传播环境中，新媒体主要是指计算机技术和通信技术相结合后的产物，融合了文字、图片、音频、视频等多种数字化传播形式，通过数字技术、通信技术和多样化的输入输出设备和终端处理、传播和使用的媒介形态和信息服务平台。

社交媒体： 社交媒体是指给予用户极大参与空间的新型媒体平台，具有参与、公开、交流、对话、社区化以及连通性等特点，用户可以在平台上互动交流，搭建社交网络。主要包括微博、微信、QQ、豆瓣、哔哩哔哩弹幕视频网等。

流媒体： 采用流式传输的方式在互联网播放的媒体格式。"流"是指媒体的传输方式，即只要利用了流传输的媒体应用就是流媒体，主要是视频、音频的流化传输。流媒体的出现极大地方便了人们的工作和生活。例如爱奇艺、优酷等视频网站的在线点播，就是利用流媒体技术边下载边播放，解决了播放距离限制的问题。

全媒体：一种媒体业务运作的整体模式与策略，即运用所有媒体手段和平台来构建大的报道体系。它不再是单落点、单形态、单平台的生产与传播，而是在多平台上进行多落点、多形态的传播。报纸、广播、电视与网络是这个报道体系的共同组成部分。

融媒体：充分利用媒介载体，把广播、电视、报纸等既有共同点，又存在互补性的不同媒体，在资源、内容、平台、渠道等方面进行全面整合，实现"资源通融、内容兼融、宣传互融、利益共融"的新型媒体。

自媒体：以个体传播主体为中心的媒体空间，个体传播主体通过网络技术自助进行信息收集和发布，兼具私密性和公开性的特点，主要包括微信公众号、博客、直播客、拍客、个人电子杂志等。

网络文化：以网络信息技术为基础，基于互联网上信息生产和传播，在互联网空间中形成的文化观念、文化形态、文化产品、文化活动等的集合。

用户生产内容（UGC）：用户在互联网上，通过任何形式创造并发表文字、图片、音频、视频等内容，是在互联网环境中的一种新的网络信息资源生产和组织模式，以区别于传统专业机构生产内容（PGC）的模式。

媒介融合：伴随新媒体兴起在媒体业界出现的一种动态媒体实践，指的是传统媒体通过内容数字化和网络化等新型技术手段，形式上实现新旧过渡，内容上凸显专业优势，属性上从新闻属性转换为信息服务属性，最终实现整体新媒体转型的过程。

议程设置：大众媒体可以通过报道一些问题，为各种问题确定先后顺序等方式来影响读者注意力和公众舆论的现象。

公共领域：介于政府与市场之间的、国家与私人之间的政治活动空间，它可以使各种论点和意见通过理性的讨论来展开交锋，使人们的判断具有可选择性——公民能够知晓自己没有选择的方案是什么，从而导致"理想的政治"得以出现。在公共领域中，公民可以自由表达和沟通，也可以对公共事务进行批评形成公众舆论，而媒介是公共领域的勃兴力量。媒介是公共领域的主要机构，公共领域的品质有赖于媒介的品质，而特定的媒介机构倾向，如集中、商业化和全球化，会对公共领域产生危害。

意见领袖：意见领袖的概念是由拉扎斯菲尔德等人在 1940 年提出，指的是社会的各个阶层、社会生活的各个领域中有较高的威望和良好品质、见多识广、较多接触和使用大众媒介、参与高层次的交往活动、富有社会关系的人。讯息和观念常常是从媒介流向扮演信源和指导者角色的意见领袖，然后经由这些意见领袖流向人群中不太活跃的其他部分。

群体极化：群体极化是指群体讨论，尤其是在观点相似的人群中的讨论，通常可以强化群体成员的平均倾向，讨论会强化大多数成员最初都赞成或最初都反对的观点，从而使群体决策更偏离理智。

刻板印象：人们对某个事物或物体形成的一种概括固定的看法，并在实践中不断强化这一观点或看法，认为这个事物或者整体都具有该特征，而忽视个体差异。

裂变式传播：分裂性的几何式层级传播过程，即其传播是依靠不断的分裂和主动分享扩大影响范围来实现的。这一概念来源于物理学中的核裂变，这是由重原子核分裂成两个或多个质量较小的原子的一种核反应形式，属于一种链式的连锁性反应，能在极短时间内以几何级数形式增长，并在此过程中释放出巨大的能量。而裂变式传播则与此连锁反应相似。

病毒式传播：有相似的信息获取和分享需求的人主动参与信息的制作和传播，借助彼此关系网络实现信息快速复制、流动、扩散的信息传播方式。

匿名性：互联网使用者通过一个代号（通常是网名），就可以暂时隐匿部分或全部在真实世界的身份和特征，与其他的代号互动或交流信息。网上的人际关系和互动都是建立在这些代号的基础上。

扁平化：机构为解决层级结构的组织形式的僵化而实施的一种新型管理模式，即增加管理幅度，减少管理层次。当管理层次减少而管理幅度增加时，金字塔状的组织形式就被"压缩"成扁平状的组织形式。

传播学经典理论和假设

塔西佗陷阱：当政府部门失去公信力时，无论说真话还是假话，做好事还是坏事，都会被认为是说假话、做坏事。这一假设得名于古罗马时代的历史学家塔西佗，后来成为西方政治传播学里的著名理论。在社会群体突发事件中，塔西佗陷阱也有充分的表现，如诚信体系故障，社会秩序会混乱等。2014 年 3 月 18 日，在河南省兰考县县委常委扩大会上，习近平总书记提醒全党注意"塔西佗陷阱"。

"二级传播"假设：新闻事件不是直接作用于公众，而是由一些"意见领袖"或民间专家先行作出解读，形成价值判断，再传递给公众的。公众对"意见领袖"十分信服，甚至到了盲从的程度。网络舆论看似是亿万网民在发声，但核心环节是这些"意见领袖"在设置议程、掌握话语权。

破窗效应：如果有人打坏了一幢建筑物的窗户，而这扇窗户又得不到及时的维修，其他人就可能受到某些示范性的暗示，去打烂更多的窗户。此理论认为环境中的不良现象如果被放任存在，会诱使人们仿效，甚至变本加厉。

踢猫效应：指人与人之间的泄愤连锁反应。现代社会中，快节奏的工作与生活带来越来越大的压力，这就容易导致人们的情绪不稳定。当一个人的情绪变坏时，潜意识会驱使他选择下属或无法还击的弱者发泄。最终的承受者，即"猫"，是最弱小的群体，也是受气最多的群体，因为也许会有多个渠道的怒气传递到其身上。

沉默的螺旋：德国女学者诺依曼于 1974 年提出的理论假设。该假设认为，舆论的形成是大众传播、人际传播和人们对意见环境的认知心理相互作用的结果，大众传播媒介提示和强调的意见具有公开性，易被当作多数或优势意见，从而给持不同意见者带来压力，让他们变得沉默。

蝴蝶效应：20 世纪 60 年代初，美国气象学家爱德华·罗伦兹提出，蝴蝶在热带轻轻扇动一下翅膀，遥远的国家就可能造成一场飓风，这一现象被称之为"蝴蝶效应"。在互联网舆论传播中，就存在着非常明显的微小变化在各种力量的相互传导和作用下，产生巨大连锁反应的"蝴蝶效应"。

马太效应：指强者愈强、弱者愈弱的现象。这一术语来自《圣经·新约》里的"马太福音"的一则寓言，"凡有的，还要加给他叫他多余；没有的，连他所有的也要夺过来"，它由美国科学史研究者罗伯特·莫顿（Robert K. Merton）在 1968 年引入社会学研究。"马太效应"与"沉默的螺旋"相互配合，就可能在不对称的舆论场效应下，让情绪极端者不断受到鼓励，从而声音越来越大、势力越来越强；而理性、温和的声音则遭打压，变得越来越微弱。

标签效应：给某个人或某个群体贴上标签，并借用标签来判定群体特征，就会形成标签效应。近年来，网络"标签化"现象盛行，一些带有偏见色彩的贴标签行为，对社会认知造成误导，使人们对某个群体产生刻板印象，如"官二代""富二代""黑五类"等。

"把关人"理论：美国社会心理学家、传播学的奠基人之一库尔特·卢因提出的"把关人"理论认为，新闻媒介的报道活动主要是新闻编辑基于个人主观判断的取舍选择和加工的活动。

共情效应：利用大众的同理心而触发共鸣，形成舆论声势的一种舆情现象。共情（empathy）也称神入、同理心、投情等，由人本主义创始人罗杰斯所倡导，是指体验别人内心世界的能力。在民生舆情中，由于涉事者损害或符合大多数人的利益，强烈的代入感易激发群体同理心，让网民能够突破年龄、阶层、性别等圈层走到一起，共享相似的痛点，表达共同的诉求，发泄一致的情感。表面看是网友在打抱不平，但其实更可能是在慰藉网友心中对可能发生在自己身上的事故的不安。

舆情处置专有名词

舆论与舆情：舆论是公开的公众意见，而舆情则是这些意见所表现出来的态度趋势。因此，舆情包括意见、态度和情绪三个方面，是有正面、中性和负面之分的，通常可分为酝酿期、发展期、爆发期和衰退期，是社会公众对于某种现象、问题所表达的信念、态度、意见和情绪等等表现的总和。

谣言传播公式：美国社会心理学家奥尔波特和波斯特曼总结出一个谣言的公式：$R = I \times A$。R（Rumour）指"谣传"；I（Important）是"重要性"；A（Ambiguous）是"含糊性"。一件事之所以引起谣言，说明它有一定的重要性和含糊性，事件本身的重要性加上初期信息的不确定性，极易让谣言流窜。克服谣言的最佳途径就在于建立起权威的即时的信息公布渠道，即让"A"值为"0"，则 R=0。

"黄金四小时"原则：信息发布的及时与否决定了事件不同的走向。人民网舆情监测室基于当下媒体环境提出了"黄金4小时"原则。"黄金4小时"指的是新闻发布的及时性，政府要第一时间发声，第一时间处理问题，做突发事件的"第一定义者"。事实上，"黄金4小时"的功夫并不只在这"4小时"上，更在地方政府部门长效机制的建立上。

网络统一战线：社会经济转型期，各种利益分化，社会矛盾凸显，因此要让真正关心中国社会发展与变革的人，无论其立场，都能形成一个具有共同价值理念的"共同体"，而政府也应尝试与对公共治理"指手画脚""说三道四"的新意见阶层共处，构建"网上统一战线"。

舆论对冲机制：对冲交易原适用于金融领域，是指同时进行两笔行情相关、方向相反、数量相当、盈亏相抵的交易，意在避险、套期保值。互联网信息传播的真假对冲机制是指鉴于微博成为传言、炒作和谣言的发散地，2011年互联网成立微博辟谣联盟，包括新浪设立微博辟谣官方账户，一些网民进行调查辟谣，形成对网络舆论谣言的一种制衡与对冲机制。

寻求最大公约数：针对互联网内外戾气上升，祝华新提出，互联网搭建的"公共空间"还原了社会真实的意见构成，各种意见主张不妨让实践去检验，交民意去选择，待历史去淘洗。网民需要爱护互联网这个信息自由流动的"意见共同体"，无论争辩多么激烈，无论己方有多强的社会正义感、道德纯洁感和智商优越感，始终诚心诚意打算与对方立于同一个屋檐下，认真努力寻找社会"最大公约数"，而不是扩大社会分歧。

舆论倒逼：利用已形成的舆论，迫使官方、官媒或涉事方对其中涉及的问题做出回应，并做出相应的改革和处理。这种现象在自媒体大发展的舆论生态中尤为明显，一定程度上代表了民意、民声、民心，反映出舆论的监督作用。在一些舆论事件初期，由于部分人员媒介素养不高，处事经验不足，大局观不强，手段僵硬，容易激怒民众，引燃舆论之火，从而导致"倒逼真相"。但"舆论倒逼"也容易形成网络暴力，使少数舆论领袖打着"为民请命"的旗号煽动情绪、制造对立，酿成恶果。

舆论失焦：由于网络发展，公众知情权、话语权提升，事件中舆论难以被一方主导，使得舆情演变的主体脉络呈现多极化发展，以至逐渐偏离事件的中心议题。当舆论过度聚焦事件一方而忽视其他方时，特别是自媒体纷纷带着情感偏向出场后，舆论就会出现失焦，产生"歪楼现象"。如"江歌案"中，网民专注于对刘鑫的道德评判，忽略了对杀人凶手陈世锋的谴责；"杭州保姆纵火案"中，网民聚焦于"消防救援是否妥当""物业公司是否有责任"等问题，对保姆故意纵火的谴责声量也就降低了。事实上，网络舆论很难被一方主导，因此在突发事件处置和舆论引导中，必须坚持事件处置与舆论引导统一，抢先发布权威信息。

舆情反转：当前，"舆情反转"事件的发生日趋频繁，从网络或媒体上看到、听到的未必是事情的真相，即使当初言之凿凿的报道，也存在以后被颠覆的可能。在对信息传播时效要求更严苛的新媒体时代，大家为"抢新闻"，不标明信息的来源、用未经证实的信息源、代入主观情绪以吸引眼球等手法屡见不鲜，甚至网络评论和社交媒体中的信息被部分媒体草率地当作新闻的源头，一旦报道被证实与事实不符，往往就会"舆情反转"。

回声室效应：在一个相对封闭的环境中，意见相近的声音不断被重复，令大多数人认为这就是事实的全部。在社会化媒体中，一方面人们以社交对象作为信息来源，如微信朋友圈，这本身就是对信息的过滤，因此社会化媒体在一定程度上强化了人群的分化，也就使得人们固守在符合自己偏好的信息与意见的圈子里，造成各种圈子之间相互隔绝，甚至对立；而另一方面，商业网站会根据用户的搜寻结果记录，提供相类近性质的网站资料，这也让"回声室效应"变得明显。"回声室效应"掩盖了一定的真相，更多的是只是带着个人情感的信息传播，进而引发众多错误的舆论，非常容易形成网络谣言、网络暴力以及网络假新闻，不利于真相的传播与社会的公正。

波次网络舆情：有组织、分批次进行的网络舆论传播。具体来说，首先，舆情从各类网络段子开始爆发，水军在各种新媒体（包括自媒体链接、评论跟帖等）中进行维护；其次，舆情进一步扩散至自媒体（尤其微信个人公众号）等社会化资讯投放渠道，等待主流传统媒体的新媒体号转发；再次，待主流媒体转发之后，将标题"洗"为传统媒体品牌进行二次传播，同时维护评论；最后，将这些信息付费投放到更多的上述渠道，将段子和严肃媒体的合理批评混编混排，再进一步放大舆情，引发更大范围内的受众情感共鸣。

网络文化关键词

互联网思维：一种以用户为本、以人为核心，注重用户体验的思维方式。互联网思维包括便捷性、易表达、参与感、免费、重数据和讲究用户体验等特征。

技术奇点："奇点"一词本是天体物理学术语，指时空中的一个普通物理规则不适用的点。而该术语由未来学家雷蒙德•库兹韦尔变为"技术奇点"引入社会研究，认为人工智能技术发展到某个点时，会脱离人类控制，自己生长。此后，"奇点效应"常被用来比喻技术发展带来的巨大不确定性和冲击。

算法推荐：利用用户的线上行为，通过计算机的数学算法，推测出用户可能喜欢的东西，并进行推荐，也叫个性化推荐。这一概念的首次出现是在 1995 年 3 月的美国人工智能协会上，由卡耐基梅隆大学的罗伯特•阿姆斯特朗（Robert Armstrong）提出。目前，算法推荐已经应用到了各个领域的网站中，尤以电子商务为显著，有效地增加了用户黏性。

信息茧房：人们的信息领域会习惯性地被自己的兴趣所引导，从而将自己的生活桎梏于像蚕茧一般的"茧房"中。在互联网诞生之初，麻省理工学院教授尼古拉斯•尼葛洛庞帝就预言了将出现 the Daily Me（我的日报，或译为"个人日报"），每个人都挑选自己喜欢的主题和看法，在海量的信息中随意选择自己关注的话题，根据自己的喜好订制媒介。但当个人长期禁锢在自己所建构的信息之中，个人生活就会变得定式化、程序化，失去了解不同事物的能力和接触机会，不可能考虑周全，且其偏见也将逐渐根深蒂固。

后真相时代：在海量信息包围人类的时代，人们不再相信真相，只相信感觉，只愿意去听、去看想听和想看的东西。也就是说，在这个时代，真相没有被篡改，也没有被质疑，但却变得很不重要了。2016 年，《牛津英语词典》将"后真相"选作年度词汇，并定义为"诉诸情感及个人信念，较客观事实更能影响民意"。因为在社交媒体已经成为网民主要的新闻来源的当下，新闻不断碎片化，假新闻、反转新闻、流言蜚语、轶事绯闻呈病毒式传播，大量信息的发布往往不是为了宣传和报道真相，而是为了"蹭热点"和吸粉。人们让这些信息"剥削"了大量时间和精力，变得对真相反而失去了耐性。于是，立场和情绪渐渐取代了真相。这导致为一条信息做深度调查的人越来越少，而评论的人却越来越多。

网络迷因：又称"网络爆红"，指某个理念或信息迅速在互联网用户间传播的现象，尤其指对某种行为的模仿。1976 年，英国动物行为学家、进化论生物学家理查德•道金斯（Richard Dawkins）在其著作《自私的基因》（The Selfish Gene）中仿照"基因"（gene）一词创造了"迷因"（meme）概念，其含义约等于"文化的基因"。在他看来，生物进化基于基因的复制，而文化进化则建立在人类行为复制的基础上。因此，"迷因"是文化变迁的基本单位，人们通过对特定文化中的典型行为的有意识或无意识的模仿（复制），来实现对这种文化的传承与革新。在互联网上，冰桶挑战、晒童年照等都是迷因传播的例证。迷因理论可以被运用于观念或文化的传播，也可以被用来做营销和政治宣传。2018 年 2 月，《纽约时报》就刊文指认，美国总统特朗普是这个国家最有名的迷因创造者（memer）。

后　记

2017年2月至9月，我在国家税务总局税收宣传中心临时负责舆情管理处工作。其间，有幸聆听总局领导对税收新闻宣传工作高屋建瓴的指导，有机会学习到全国优秀同事的宝贵经验，逐渐积累了一些对新闻宣传和舆情引导的粗浅认识。现在，奉献在大家面前的这本薄书，就是关于这些指导、经验和认识的一点总结。

身处税收宣传和舆论引导战线，我当然乐于，也更急于把聆听和学习到的知识、经验及认识，分享给全国税务系统从事宣传工作的同事。奈何平时疏于总结整理，提起笔来总觉词不达意、言多荒芜，编写进展缓慢。此后两年中，工作之余，我几乎将全部时间都投入书稿材料的搜集、整理和写作之中。中间虽几易其稿，又请多方专家指导修改，始得以定稿，但仍觉蓬头垢面，难以示人。

在此，要感谢国家税务总局税收宣传中心的领导杨德才、朱大峰的悉心指导，感谢多年从事编辑工作的挚友马永基的支持鼓励，感谢浙江省税务局多位同事的无私帮助，没有他们，我没有机缘写作此书，没有能力完成此书，也没有勇气最终以书的形式呈现给大家。在此，还要感谢浙江大学林玮教授，他不惮辛劳，承担了全书的统稿工作，还指导其学生张亚楠、戴晨露、蒋蝉羽、谢臻等年轻人完善了第三章和附录的内容。最后，还要感谢我的家人在书稿编写期间给予的理解和宽容。

　　必须要说的是，此书若有可取之处，多半是源自领导的指导及全国各地税务系统同事们的真知灼见，只是由我付诸文字而已，不敢贪天之功。而表达上存在的诸多不当或谬误，则必是本人才疏学浅所致，与旁人无关，真诚期待大家批评指正。

　　另外，书中有些舆情资料和图片，来自于公开网络，部分内容未能及时联系到作者，请相关版权或著作权人见书后联系。联系邮箱：ysdzsk@126.com。

王　伟

2019 年 9 月 30 日